U0074385

戴東清 著

自然與社會的對話

張序

　　從2020年襲捲全球的新冠疫情迄今，每日在各類傳媒及社群媒體傳佈的「資訊」，可謂「恆河沙數」數以億計，道出了人類在無助之中對「正確資訊」或者「正確知識」的迫切渴求。然而，要如何使用科學的「典範」(paradigm)，去對所謂「正確資訊」或者「正確知識」作判準，從而找出真正有利於普羅大眾的訊息或知識，這恰恰是當前我們面臨最急迫的課題。

　　我的摯友、本院國際系教授戴東清長年來，在治學及教學上就擅以孔恩的典範理論作為方法路徑，觀察當今每日層出不窮、紛至沓來的新生現象，這些豐碩的學術成果，除了展現在課堂上與學生的精采對話，提升了學生觀察判準事務的「典範轉移」能力，更結集成為「自然與社會的對話」一書，本書就是這些師生對話、思辯的萃練菁華。

　　在本書裡，東清教授從「咖啡有無提神作用」這個你我日常生活尋常可見，看似早有「定見」的現象，帶出本書的寫作緣由及動機，並試圖讓讀者了解即便是一些所謂「定見」，如果透過「典範轉移」的方法路徑，往往更能夠清除遮蔽在現象外在的層層價值濃霧，進而破除我執、明心見性。

　　本書除了在破題上直指核心之外，東清教授更旁徵博引，在各章裡逐一深入論證了，諸多我們平常視為理所當然的「定見」，例如，「科技會否讓我們變得更好」、「科學與迷信之間的差異」、「身心靈科學的虛與實」、「外星人存在嗎」、「世界末日近了嗎」、「全球暖化是假議題」、「吃素可以救地球嗎」、「生命起源的爭辯」、「癌症是後天或先天的關係」等等議題，目的都在於試圖讓我們思考另類可能的「答案」。

　　我與東清教授同屬院內同仁，數年前謬承郭前院長盛情邀約，有幸加入了一項多年期整合型計畫研究團隊，透過研究的過程從而更加熟稔。更為殊勝因緣的是，由於對生命、宗教議題的熱愛與探求，我們在南華大學教學停留的夜晚中，相約在幽美靜謐的校園中散步健身，悠閒地聊著一天的教學心得或者分享生命意義的故事，這因緣得之不易，這喜悅發自心中。

　　近日，欣聞東清教授大作「自然與社會的對話」付梓，並囑余為之作序，實誠惶誠恐，不揣淺陋之餘，爰就上述略敘大作創作由來及付梓宏旨。是為序。

南華大學社會科學院院長　張裕亮　筆

2021年端午大疫之時

自序

　　早在讀碩博士班開始，就對科學哲學、典範及世界觀的問題非常感興趣。尤其是仔細研讀孔恩所寫的「科學革命的結構」乙書後，深深被典範及其「不可共量性」（incommensurability）的法則所吸引，原來舊典範之所以看似無用，不是因為它不夠嚴謹或毫無意義，而是因為我們用了新的典範取代它。這也代表我們在運用典範解釋現象時要留意，既不該對舊典範嗤之以鼻，也不該被舊典範限制，更要對新典範加以不斷檢驗，以免在新典範未足以取代舊典範時，即妄下結論。

　　由於人們的看法深受典範的影響，因此該用新或舊典範來解釋新生現象時，就產生了許多混亂的現象，尤其是在新舊典範交替之際，此種混亂的狀況愈加明顯，往往讓學習者不知所措。有道是隔行如隔山，沒有人可以對所有科學的領域都有所涉獵，但是我們卻可以針對同一領域中不同專家學者的爭論，找出究竟誰的說法更合乎科學的要求，來增進我們對所處世界的認識，畢竟許多不同領域的知識對我們日常生活的影響是巨大的，豈能不有所瞭解。因此想以本書提醒讀者看到運用典範來解釋新生現象時，究竟是代表新典範的來臨，還是舊典範中的意外特例而已？

　　本書得以出版，許多課堂上同學勇於提問與回答功不可沒，這也是觸發我寫這本書的原始動力，希望能讓未來上課的同學能對相關議題有更清楚的脈絡，而不是聽了一方說法後就馬上接受，而未再去檢視該方說法是否經得起驗證。在網路資訊相當豐富的時代，要找到相互參證的資料並不困難。其次要感謝南華大學社會科學院院長張裕亮教授為本書寫推薦序，增加本書的可讀性。再次，要感謝本書的編輯辛苦地編排，以及助理育瑄的校對。最後要感謝總是在背後默默支持的家人，沒有他們的付出與陪伴，本書應無見天日的一天。

目 次

第一章

導論：從咖啡有無提神作用談起

第一節　為什麼寫？

在一般人的印象當中，喝咖啡具有提神的效果，問題是這樣的效果對每個人都一樣嗎？為何有人喝了咖啡以後，依然無法阻止瞌睡蟲的侵襲呢？要回答這樣的問題，首先我們就必須找一群人來做實驗，以探究喝咖啡究竟有無提神效果？這樣的效果是否對每個人都一樣，是放諸四海皆準的事實，還是對某些人不適用？若不適用，又是為何什麼？是因為人種的關係？還是因為抽樣的偏差？或是解讀資料有誤？

根據臺灣《康健》雜誌報導，哈佛大學的研究指出，咖啡中的咖啡因能夠干擾中樞神經系統中的鎮定物質發揮作用，所以喝咖啡讓人清醒、興奮。[1]香港醫院藥劑師學會副會長崔俊明對此表示認同，咖啡是種見效很快的提神物質，

---

[1]　生命時報，咖啡提神只需一杯，http://big5.xinhuanet.com/gate/big5/js.xinhuanet.com/zhuanlan/2011-03/09/content_22242668.htm。

研究發現，一般飲用1至1.5小時後即可見效。[2]此外，一項登載在美國《應用社會心理學雜誌》上的新研究表明，咖啡的提神效果對女性更明顯。[3]不過，喝咖啡似乎以適量為宜，若是過量（短時間內喝咖啡超過2杯以上），可能會產生反效果。

　　同樣是哈佛大學的研究提到：若早上連灌三四杯咖啡，興奮作用到中午也會消失，會讓人再度感覺昏昏欲睡，反而更加疲憊；因此，研究建議最好是早晨只喝一杯咖啡，下午感覺疲憊時再喝一杯；這樣穩定攝入咖啡因，作用更持久。[4]無獨有偶地，崔俊明亦表示，一天若攝取超過400毫克咖啡因（約4杯咖啡），可能影響睡眠，讓人更疲倦，還可能引起心律失常、血壓上升。[5]由上述專家學者的研究意見，可看出喝咖啡確實有提神的效果，由於報導未明確點出抽樣的情況，因此就暫且假設該研究結論，是對大多數人都適用。

　　不過，這樣的研究結果，卻受到另外一批專家學者挑戰，也挑戰了我們一般人的印象。英國東倫敦大學找了88名18歲到47歲，一天要喝兩杯以上咖啡的人做實驗，把他們分成兩組，一組告訴他們喝的是無咖啡因咖啡，實際上他們喝的卻是一般咖啡，另一組則相反。[6]喝完一杯咖啡後讓他

2　　生命時報，咖啡提神只需一杯，同前註。

3　　生命時報，咖啡提神只需一杯，同前註。

4　　生命時報，咖啡提神只需一杯，同前註。

5　　生命時報，咖啡提神只需一杯，同前註。

6　　BBC中文網，咖啡不提神，http://www.bbc.co.uk/zhongwen/trad/

們接受測試，測驗他們的注意力、反應時間和心情等等；結果顯示，自以為喝下咖啡因的那一組，注意力和反應都比較好；研究人員據以指出，從這項實驗來看，咖啡本身無法提升注意力，反倒是自以為喝了咖啡的人，心理上有了依靠，注意力就比較集中了。[7]

無獨有偶地，英國布裏斯托大學（University of Bristol）的實驗心理學教授彼得‧羅傑斯（Peter Rogers）也主持了一項針對379人飲用咖啡後的提神效果的實驗；實驗中，研究對象在被禁止攝入咖啡16小時後，或服用了咖啡因，或安慰劑，並隨後進行了注意力、記憶力和警惕性測試；兩類人群在上述三方面間的差距「極小」。[8]換言之，咖啡因與安慰劑的提醒效果相同，都是心理作用。這也就是為何羅傑斯教授會指出：「我們並沒有因食用咖啡而受益。儘管人們感覺自己似乎更加精神了，但這不過是咖啡因使我們回復到正常狀態而已；經常性飲用咖啡者比不喝咖啡的人需要更多的咖啡因刺激以達到相同程度的精神振奮」。[9]不僅如此，該項研究得到了「英國生物技術與生物科學研究委員會」（Biotechnology and Biological Sciences Research Council）的資助與支持，研究結果也被發佈在「神經藥理學雜誌」（Neuropsychopharmacology）網站上。[10]

---

world/2010/06/100607_life_coffee.shtml。

[7] BBC中文網，咖啡不提神，同前註。

[8] BBC中文網，咖啡不提神，同前註。

[9] BBC中文網，咖啡不提神，同前註。

[10] BBC中文網，咖啡不提神，同前註。

　　同樣是專家學者的意見，也都是針對飲用咖啡後的提神效果來進行研究，卻得出有提神及無提神作用的不同結果，試問一般社會大眾面對這樣南轅北轍的結果，究竟要相信誰的研究成果？雖然可以從抽樣是否符合隨機原則，判斷88個或379個樣本是否具有代表性等等問題，來質疑認為咖啡沒有提神效果的實驗不具信度與效度，但是如此也就否定了「英國生物技術與生物科學研究委員會」、「神經藥理學雜誌」等科學社群的意見與地位，是否真的有利於得知科學真相，恐怕還有更多討論的空間。也正因為學者專家的意見不一，所以一般社會大眾在面臨諸如生活科學與生命科學等的問題時，要如何　別，並做出正確的決定，就非常重要。

　　本書就是希望能夠透過社會大眾比較關注的議題，從專家正負意見的表達來抽離出其中問題的關鍵，使讀者可以藉此瞭解事件的本相，而不是在接受到部分的訊息，立即陷入恐慌當中。在通訊發達且快速的今天，自各項通訊軟體接收到許多駭人聽聞的訊息，在未經證實真偽的情況下，就開始轉傳，導致大眾不必要的恐慌。更令人感到無奈的是，上述訊息在經過一段時間之後，又會重新再傳播一次。因此，不論教育程度與所學專業為何，都有必要瞭解事情的原委，以免落入不必要的恐慌當中。

第二節　有那些內容？

　　既然本書是關乎生活科學與生命科學的議題，首先當

會討論什麼是科學的問題，尤其是一般人對科學的印象是什麼，本書將呈現大學生對於科學的看法是什麼，再探討為何他們對於科學會有如此的印象。其次，要討論的是科學或科技會讓我們過得更好嗎？這個部分將會以聯合大講堂焦點對談內容為主，藉以瞭解我們要如何面對日新月異的科技世界；「科技始終來自於人性」、「如果文明不能使我們更相愛，那科技便失去意義」，這兩句讓我們耳熟能詳的廣告詞，究竟代表了什麼意義？這是放諸四海皆準的標準嗎？

當然我們無法避免要去探討的是全球暖化或氣候極端化的議題，這個深受當代人們關心的議題，豈能不加以關注與討論！曾經盛極一時的2012末日寓言，儘管沒有真實發生，但是諸如末日將於何時來臨的討論不會因此而停止，這也將是本書會去抽絲剝繭的內容。其他重要的議題諸如科學與迷信的差異、科學沒有迷信的成分嗎？外星人到底存不存在、有無檢證的證據？人類的出現到底是屬於創造論抑或是演化論、又兩者的差異在那裡？身心靈科學究竟屬不屬於科學範疇？天使與魔鬼的差別究竟在那裡？為什麼諾貝爾化學得主會被同事視為眼光短淺？等等，都將是本書討論的議題。

基於以上的內容規劃，本書第一章旨在介紹為何寫本書以及本書的主要內容為何。第二章將會討論科學是什麼，尤其是針對大學生印象中的科學內涵來進行討論。至於第三章則會將焦點置於科技會否讓我們過得更好，要如何才可以過得好，好有沒有共同的客觀標準等等。第四章則會探討科學與迷信之間的差異，並且會介紹為何一位經過嚴格科學訓練

的留美電機博士，會對騙婚案深信不疑？是眾人未掌握完整
資訊，還是她本身執迷不誤？

　　此外，從諾貝爾化學獎得主謝茲曼、醫學獎得主羅斯曼
在獲獎前所受到的冷落，不禁令人感到疑問的是，為何從事
科學研究的人員，會對於科學新發現抱持如此敵視的態度，
這也是第四章會補充的內容。既然談到科學，似乎就不能忽
略身心靈科學的討論，這個非傳統科學探討的領域，並非不
值得討論，究竟要如何釐清事情的真相為何？這是第五章會
涉及的內容。

　　身心靈科學之所以無法被科學社群視為普遍的科學，因
缺乏客觀的論據，那麼外星人的議題呢？如何客觀看待外星
人的議題？如果沒有外星人，為何有許多不可解釋的現象如
麥田圈之類的會出現？以外星人為主題的電影不知凡幾，甚
至同一主題還拍了不少續集，如變形金剛（transformer），
說明人們對此議題十分感興趣。若有，又是以什麼樣的形式
存在？能夠跟人類溝通嗎？是像電影所描述的，是因為原本
他們所住的星球不適合居住，所以來另覓住所嗎？這是第六
章要討論的議題。既然外星人因為原本的星球不適居住，所
以在移居地球前要派先遣人員前來一探究竟，那地球會否也
有末日的一天呢？若有，又是什麼樣的狀況？能否避免？所
以第七章勢必要接著討論世界末日的問題？

　　提及世界末日，恐怕就無法不聚焦地球暖化的議題，因
為該議題是當代科學家視為導致世界末日的重要原因之一。
因此第八章與第九章則側重討論地球暖化與否的問題，如此

安排是因為此議題係全球矚目的議題，所以要分兩章討論；第八章主要呈現地球正在暖化的觀點，第九章則突顯有部分科學家認為地球暖化是假議題，是受到特定意識形態的影響，雙方爭執的焦點究竟在哪裡？既然討論全球暖化議題，就很難避免吃素能否救地球的問題，畢竟我們只有一個地球，若是吃素能救地球，自然不該再多吃肉，可是實際的情況究竟如何呢？這是第十章要討論的內容。

十一章將探討生命的起源，歷來有創造論與演化論的區別，兩者各有論據，如何客觀看待其間的差別，或可讓人們對於生命有更深刻的認識。砷是種劇毒，在台灣早期因為衛生條件較差，尤其是嘉南地區的民眾喝了過多含砷的地下水，導致罹患烏腳病。[11]若是出現食砷生物，當然是顛覆了過去人們對於砷的理解，也會此種生物要加以關注，因為這是科學新發現，實情究竟如何？

十二章則將關注現代愈來愈容易罹患的疾病─癌症，由於癌症的致死率極高，因此受到大眾廣泛的關注。中研院院士許靖華日前表示，他發現癌症基因並非人類基因，是細菌基因長成，這種細菌又會因吃亞硝酸變強壯；因此，若人類飲水不含亞硝酸，人類就能藉此預防乃至治癒癌症，他和研究團隊已透過此方法治癒數名癌末患者案例。[12]這樣的研

---

[11]　陳建仁，烏腳病導因砷中毒，科學人，2004年9月號，http://www.blackfoot.org.tw/know/know02.pdf。

[12]　許靖華，癌症基因並非人類基因，聯合報，http://udn.com/news/story/9/1807092-%E4%B8%AD%E7%A0%94%E9%99%A2%E9%99%A2%E5%A3%AB%E8%A8%B1%E9%9D%96%E8%8F%AF%E7%99%BC%E7%8F%

究發現，顯然與先前癌症基因為人類基因的判斷有極大的不同，試問何者正確，又如何預防？

第十三章是本書的結論，除了回顧本書前十二章所得到結論外，另外就是要回答一個問題，專業是否會限制創新？如果答案是肯定的，要如何避免？若答案是否定的，則要面對的問題是，此種說法是在何種背景下出現的，出現後對人們的啟示是什麼？

BE%EF%BC%9A%E7%99%8C%E7%97%87%E5%9F%BA%E5%9B%A0%E
4%B8%A6%E9%9D%9E%E4%BA%BA%E9%A1%9E%E5%9F%BA%E5%9B
%A0。

第二章

科學是什麼

　　本章主要是系統性地幫助讀者如何認識科學，科學的內涵究竟為何？這樣的內涵與一般人的看法有何根本性的差異？

第一節　科學的定義

　　根據字典公司的相關資訊，科學的定義有七種分別是：[1]

一、是知識或研究的一種分支，在系統性地處理事實或真理的本體，得出活動的普遍性法則，如數學的科學。（a branch of knowledge or study dealing with a body of facts or truths systematically arranged and showing the operation of general laws: the mathematical sciences.）

二、經由觀察或實驗得到有關物理或物質世界的系統性知識（systematic knowledge of the physical

---

[1]　字典公司，科學的定義，http://www.dictionary.com/browse/science。

or material world gained through observation and experimentation.）

三、任何自然或物理科學的分支。（any of the branches of natural or physical science.）

四、一般而言，就是系統化的知識。（systematized knowledge in general.）

五、跟事實與原則有關的知識，經由系統性研究所得的知識。（knowledge, as of facts or principles; knowledge gained by systematic study.）

六、一種特別分支的知識。（a particular branch of knowledge.）

七、技巧，特別反映事實與原則的精確應用；精通。（skill, especially reflecting a precise application of facts or principles; proficiency.）

　　從上述的科學的定義中，有幾個字是經常出現的，如知識的分支以及系統性知識。由於知識的分支的描述似乎只描述科學作為知識的一種類別，未能精確描述出其特性，很難與其他知識有明顯的區別，有稍顯空泛之嫌。反觀系統性知識就比較能更讓讀者明白科學不僅是知識的一支，而且是有系統性，而非僅僅是個人主觀的感受與認知，而是有客觀的存在，讓任何人經由同樣的方法都可以得到相同或起碼是極為類似的結果。所以用系統性知識來定義科學，應該是可以被接受的。

　　韋氏字典則將科學的定義區分為簡單的（Simple）與完

整的（Full）科學定義。其中簡單科學的定義如下：

一、針對自然世界的事實，以所學之實驗與觀察方法所
得的知識或研究成果。

二、一種特殊科學研究的領域（如生物學、物理學或化
學）或是一種特別的科學分支

三、一種在學院、大學或類似機構被正式研究的學科。[2]

果然如所言的簡單，尤其是只提到「科學研究的領域」
或者「科學分支」，能提供的與其他知識區別的特點實在極
為有限，「被正式研究的學科」則更是簡單到不行，更無法
突顯這個學科與其他學科的差別，畢竟在大學裡被正式當成
學科的不知凡幾，又如何能藉此區別呢？由此可知，過於簡
單的定義，是無法告訴人們各種知識或學科的差別，無法
幫助人們藉此對所生存的世界有更進一步的認識。既然簡
單的科學定義，無法克竟其功，因此只能求助於完整的科
學定義。

韋氏字典關於完整的科學定義共有四項，分別為：

一、一種知識的狀態：與無知與誤解有所區別的稱為
知識

二、一種將系統性知識當作研究對象的部門；以系統性
知識作為研究或學習的方法。

三、知識或知識體系涵蓋普遍真理或是普遍法則的運
作，特別是經由科學方法所取得或驗證過的；這樣

---

[2] 韋氏字典，簡單科學的定義，http://www.merriam-webster.com/dictionary/
science。

的知識或知識體系是與物理世界及其現象有關：也就是自然科學。

四、一個體系或方法，是能夠融合用科學法則與實用結果。（烹飪既是一種科學也是一種藝術）[3]

由此可見，當科學定義從簡單過渡到完整，勢必要提及體系或者系統，而不能單單只是指涉一種學科或知識的分支。因為只講學科或者知識的分支，並無法讓讀者瞭解更多關於科學的內涵。當然若是討論科學的定義，沒有提到大英百科全書的定義，似乎就顯得有點不太完整，所以勢必要看大英百科全書的定義為何。

大英百科全書對於科學所下的定義非常簡潔，指出科學就是「任何與物理世界及其現象有關的系統性知識，經由無偏見的觀察與系統性的科學實現而得。一般而言，科學包含一種知識的尋求，涵蓋普遍性真理或者基本法則的運作。科學這個字，係從拉丁文的文（scientia）而來，意思就是知識。」[4]此外，「科學變簡單」（science made simple）網站，除了引用韋氏字典關於科學的定義外，亦認為科學這個詞係指涉取得知識的體系，該體系是用觀察與實驗來描述或解釋自然現象；也認為人們使用該體系所取得之有組織體的知識；另有非正式的用法，科學經常是在描述任何系統性領域的研究或者從系統性研究所取得知識。[5]

---

[3] 韋氏字典，完整科學的定義，同前註。

[4] 大英百科全書，科學的定義，https://global.britannica.com/topic/science。

[5] 科學變簡單網站，科學的定義，http://www.sciencemadesimple.com/science-

討論至此，很顯然地可以歸納出一個結論，只要是系統性研究或者系統性知識，都可以稱為科學。科學既是系統性知識或研究的本身，亦代表取得系統性知識或研究的方法。因此，自然科學固然是科學，社會科學毫無疑問亦是科學。只是在台灣，往往只有自然科學比較被認為是科學，社會科學的科學性似乎較為不足。當然這不是台灣獨有的現象，上述科學定義有部分，也曾將科學與「自然世界」、「物理或物質世界」相提並論，因此重自然科學而不重社會科學，亦可理解。然而若依照韋氏字典的前述其中一種的定義，即「烹飪既是一種科學也是一種藝術」，比「烹飪」運用更嚴謹的科學方法所取得社會科學知識，理應享有與自然科學有同等的科學地位。

第二節　科學的普遍印象

科學是什麼？相信每個生活在現代社會的人士，在受教的過程中，多多少少都留下什麼是科學或者不是科學的印象。以下隨機針對大學一到四年級不同科系的學生，請他們在彼此討論後，寫下對科學是什麼的第一印象。

一、科學是發現、探索事物運動的客觀規律。

二、科學是推究事物的原理規則而獲得新的理性知識。

三、科學是一種「求真」的學問，探討事物存在的過

---

definition.html。

程；也是「實驗」的學問，透過各種方法過程實驗來統整組織以及應用。

四、科學是非主觀的，是一種發掘真相、創造事物的過程。

五、科學是一種探討生命如何產生與毀滅的過程，進而形成對現在世界認知的知識。

六、科學就是一群人聚在一起研究，探討周遭的事物，藉由實驗來得到自己想知道的。

七、科學是能利用可知的東西來解釋未知事物的一門學科。

八、科學是解釋大自然的運作規則。

九、科學是人類對於自然界的理解與認識。

十、科學是可以解釋大部分物理、大自然的現象。

十一、科學是用來解釋超越人類所知的一種手段。

十二、科學是自然環境的常態變化，具規律的運作法則。

十三、科學是和自然、理工相關的系統性知識。

十四、科學是經由觀察、假設、驗證得出的，包含自然、社會、思維領域。

十五、科學是反映自然、社會、思維等客觀規律分科的知識體系。

十六、科學式文字與數學符號所組織的邏輯思維。

十七、科學是講究證據的，而證據是有系統的，觀察現象、形成假設、反覆驗證。

十八、科學是以理論來支撐的。

十九、科學是用來證實某個事物存在的原因與真假與
　　　否，以及使社會人類文明更加進步
二十、科學是相對魔法與巫術的理論
二十一、科學是能讓人類改善或解決問題的方法
二十二、科學是毀滅人類的東西

從上述科學的定義中，很明顯地有不少學生認為，科學
是關於探討未知事物的學問，在22項中佔了6項。其次，有
部分學生認為，科學是著重在解釋大自然現象，或者是運作
法則。再次，有部分學生則著重強調科學的內涵，不論是常
態變化、系統性知識、思維體系或是邏輯思維等等，此種定
義比較接近前述文獻所提的系統性知識或研究。復次，有同
學則較看重科學的證據，也因為證據的關係，所以可以藉此
與魔法及巫術有所區別。最後，則是有同學將科學當成解決
問題與毀滅人類的兩種極端特性。

實際上，從同學對於科學的定義觀察發現，他們將科學
的定義與科學的應用有所混淆。諸如用來探討、解釋、證實
自然現象，或是解決問題，甚至毀滅人類，都屬於科學的應
用，而非科學定義的本身。科學固然有上述功能與特性，但
是若是不能明確點出科學是一套嚴謹的系統性知識、思維體
系、邏輯思維或運作法則，大概很難進入到應用的層次，勉
強予以應用也容易產生觀察與實驗的偏差，無助於人們想要
達成更多地探討或解釋自然或社會現象的目標。

不過提到「一群人聚在一起研究」雖然未必完全正確，
因為有些情況是研究者在單獨研究，但是卻開啟了另外一

種與科學定義相關的「科學社群」概念，畢竟許多與科學相關的概念，都與是否受到「科學社群」的認可有關。著名的科學哲學家孔恩（Thomas Kuhn）就曾指出：「常態科學指的是一個『科學社群』以過去的成就為基礎所從事的研究。這類研究通常是在一定『典範』的指導下，解決該領域的難題」；而孔恩將能夠代表某一「科學社群」成員共有的信仰、價值、技術視為一整體，並能夠為這個整體的某一部份，提供問題解答或作為常態科學研究中的基礎稱之為「典範」。[6]由此可見，科學社群在科學發展中具關鍵作用。同樣地，本書所論述的內容，若未受到科學社群的認可，大概也不會引起太多人的注意。

至於將科學當成「解決問題」與「毀滅人類」的兩種極端特性，則是本書第三章討論的內容。儘管科學本身是某種客觀的存在，或許沒有有益與無益的差別，較屬於中性的狀態，但是經過不同人的應用，就會產生不同的效應。就像是刀子可以拿來切菜做料理，也可以拿來殺人，是同樣的道理。

6　Thomas Kuhn，王道環等譯，科學革命的結構，（臺北：遠流出版社，1994），頁53。

第三章

科技會否讓我們變得更好

　　儘管現代科技可說是日新月異，離了科技人們幾乎無法生活，但是有了科技真的有讓我們生活變得的更好嗎？當然每個人對於是否更好的感受不怎麼一樣，不過這不代表這個問題不值得討論，而是幫助我們瞭解科技到底帶給我們什麼樣的改變，這些改變是我們樂於見到的嗎？若非我們樂於見到的，我們又能做什麼？

第一節　如何看待現代科技發展

　　好來塢在1980年曾出品一部名叫《上帝也瘋狂》的賣座電影，電影延燒了將近10年之久，應全球觀眾期待，該部電影在1989年拍了續集，仍然有不錯的票房。[1]據劇中的男主角歷蘇表示，拍完該部片之後得到了300美元的片酬，但是他沒有錢的觀念，所以就把片酬全丟棄了；即使後來有了錢的觀念，開始有了較高的片酬，他還是都不知道自己究竟把

---

[1]　中時電子報，還記得《上帝也瘋狂》中的他嗎？想不到沒拍電影後的他，
　　http://photo.chinatimes.com/20151207005841-260806。

錢花在哪裡了；賺到的錢都拿去買牛了，但不能養超過20頭牛，原因是他不知道20以上的數字。[2]成名後的歷蘇，曾離開家鄉外出拍片，然而因在異鄉水土不服，在他的輝煌時代過去之後，就選擇回到自己的家鄉，過著原來的簡樸生活；在2003年7月時，歷蘇在外出尋找木材時不幸暴斃草原，死於多重抗藥性結核。[3]

由此可見，對於歷蘇而言，科技對他的作用不大。有論者指出，作為一個非洲人，他之所以能夠成名、打動觀眾的心，一方面是其樸實自然的表演，另一方面則一定程度上反映所謂「文明人的獵奇心理」，對他們來說歷蘇是相當有趣的。[4]「文明人的獵奇心理」是一種非常值得探討的說法，因為文明是種相對的概念，如果說文明人就是將現代科技的產物—可口可樂的瓶子，從飛機上丟下來，讓看起來不是文明人的歷蘇有機會撿到，還要設法走到地球的盡頭，將從天上掉下來的瓶子還給上帝。不禁要問，到底是誰比較文明？是將現代科技的產物—可口可樂的瓶子任意丟棄的人？還是那位窮盡一切努力要物歸原主的人？

換言之，科學或科技只能回答因果問題，即是什麼的原因導致這樣的結果發生，若要避免這樣的結果，要如何在

---

[2] 中時電子報，還記得《上帝也瘋狂》中的他嗎？想不到沒拍電影後的他，同前註。

[3] 中時電子報，還記得《上帝也瘋狂》中的他嗎？想不到沒拍電影後的他，同前註。

[4] 中時電子報，還記得《上帝也瘋狂》中的他嗎？想不到沒拍電影後的他，同前註。

源頭改變起。以現代最流行的全球暖化議題為例，若人類大量排放二氧化碳被判定是原兇，設法減少二氧化碳排放量以降低全球暖化對地球的衝擊，就成為刻不容緩之事，這就是簡單的因果關係。但是科學或科技無法回答意義的問題，人們為什麼要如此做？人類登陸月球很有必要嗎？究竟是為了探宇宙的奧祕？還是美國為了在太空科技中與前蘇聯一較長短？如果是前者照理說，美國在第一次成功登陸月球，且3年內再登陸5次之後，應該要有後續的行動才是，為何就沒有再繼續了呢？這也就難怪有愈來愈多的美國人對「阿波羅登月計畫」這一壯舉產生了懷疑。

　　據美國一家權威的社會調查機構統計，竟有約2500萬美國人認為：所謂美國人先後6次登上月球，是美國國家航太總署（NASA）製造一個科技發展史上空前的大騙局。[5]曾在阿波羅計畫中工作過的比爾‧凱恩教授（Bill Kaysing），曾經寫了一本名為《我們從未登上月球》（We Never Went to the Moon）的書，[6]書中對阿波羅登月計畫列舉了以下疑點：

　　一、沒有大氣折射的月球上看星星應該更加明亮清晰，可許多所謂『登月照片』的太空背景上卻看不到一顆星。

　　二、登月飛船降落時，火箭發動機的巨大推力應在粉塵

---

[5]　今日新聞，美國登月造假?!史諾登再爆驚天祕密，http://www.nownews.com/n/2013/08/06/182018。

[6]　Bill Kaysing, *We Never Went to the Moon,* http://www.checktheevidence.com/pdf/We%20Never%20Went%20To%20The%20Moon%20-%20By%20Bill%20Kaysing.pdf.

遍地的月球表面留下明顯的痕跡，而在照片中卻看不到。

三、在一些照片上，近景與遠景之間有一條不易察覺的線，使人聯想到電影特技中的『褪光描畫』法，即畫出遠景再運用光與影來遮掩。[7]

比爾・凱恩教授的這本書公開出版後，在美國引起了社會各界廣泛討論，一場關於『阿波羅登月計畫』是否為騙局的大辯論就此在美國各地轟轟烈烈地展開。[8]只是這若是騙局，勢必涉及許多人，怎麼可能沒有人走漏風聲呢？這也是《暗月：阿波羅與吹哨者》（Dark Moon: Apollo and Whistle-Blowers）作者在他們的書中描述許多人聽到此為騙局的反應有二：為何NASA會做這樣的事，太不能令人相信了！這是多麼荒謬的想法，他們不會真以為可以過關吧！[9]由此可見，若美國登陸月球果真是騙局，真相將會是多麼令人驚訝與難以接受！

不僅如此，有關美國登陸月球是一種騙局的著作尚有：《登陸月球的騙局：老鷹（美國）從未登陸》（The Moon Landing Hoax: The Eagle That Never Landed），[10]《登陸月球：我們偉大的成就或美國最大的謊言》（Moon Landing;

---

[7]　今日新聞，美國登月造假?!史諾登再爆驚天秘密，同前註。

[8]　今日新聞，美國登月造假?!史諾登再爆驚天秘密，同前註。

[9]　Mary Bennett and David S. Percy, *Dark Moon: Apollo and Whistle-Blowers*,（Kempton, Illinois: Adventure Unlimited Press, 2001），p.1.

[10]　Steven Thomas, *The Moon Landing Hoax: The Eagle That Never Landed*,（UK: Swordworks Books, 2001）

Our Greatest Achievement or America's Biggest Lie），[11]《月球騙局》（Moon Hoax），[12]《美國國家航太總署的陰謀：登陸月球、審查過的照片、以及火星表面》（The NASA Conspiracies: The Truth Behind the Moon Landings, Censored Photos, and The Face on Mars），[13]《壞天文學：揭露錯誤認知與錯用，從占星術到登陸月球的騙局》（Bad Astronomy: Misconceptions and Misuses Revealed, from Astrology to the Moon Landing "Hoax"），[14]《一小步？：登陸月球的最大騙局及從地球到太空的主導性競賽》（One Small Step?: The Great Moon Hoax and the Race to Dominate Earth from Space）。[15]尤其是上述的最後一本書，從書名就可看出是在質疑騙局之所以發生是因美國為了要與前蘇聯競爭主導性的緣故，而不是為了發現事情的真相。由此可見，科學究竟給我們關於世界更多的真相，還是更多的混亂，人們真的非常清楚嗎？

---

[11] Chris Henry, *Moon Landing; Our Greatest Achievement or America's Biggest Lie*, （US: Chris Henry, 2013）.

[12] Paul Gillebaard, *Moon Hoax,* （Rancho Santa Margarita, CA: Dream Access Books, 2012）.

[13] Nick Redfern, *The NASA Conspiracies: The Truth Behind the Moon Landings, Censored Photos, and The Face on Mars*, （Pompton Plains, N.J.: New Page Books, 2010）.

[14] Philip C. Plait, *Bad Astronomy: Misconceptions and Misuses Revealed, from Astrology to the Moon Landing "Hoax",* （New York: John Wiley & Sons, Inc., 2002）.

[15] Gerhard Wisnewski, *One Small Step? : The Great Moon Hoax and the Race to Dominate Earth from Space,* （East Sussex, UK: Clairview Books, 2008）.

第二節　現代科技有否讓我們變得更好

　　被視為是20世紀最有影響力物理學家，也在1921年得到「諾貝爾物理學獎」肯定的亞伯特・愛因斯坦（Albert Einstein, 1879-1955），[16]曾經說過兩句名言：「科技進步就像病態罪犯手中握著的斧頭」、「我不知道第三次世界大戰用什麼武器，第四次世界大戰肯定用棍子和石頭」。[17]從上述兩句話很明顯就可看出愛因斯坦對於科技會否讓人們的生活變得更好，是有所存疑的。由於愛因斯坦在原子能方面的重要發展成就，以及當時被世人公認是世界上最偉大的科學家，沒有人可以忽視他的意見，因此在二次大戰期間在美國的匈牙利物理學家齊拉德（Leó Szilard）邀請下，寫信給美國總統羅斯福，以敦促美國趕在納粹德國之前造出原子彈，並警告德國可能展開原子彈的工作了。[18]

　　羅斯福原本對此並不積極，直到1942年夏，德軍幾乎攻佔了整個歐洲，日本也拿下了東南亞，而情報也顯示，德國已經在海森堡進行原子彈的研究，羅斯福才下達總動員令，成立最高機密的曼哈頓計畫（Manhattan Project），以製造原子彈為目標，負責這個計畫的是加州柏克萊大學猶太裔物

---

[16]　Bio, "Albert Einstein", http://www.biography.com/people/albert-einstein-9285408.

[17]　Kevin Harris, "Collected Quotes from Albert Einstein", http://rescomp.stanford.edu/~cheshire/EinsteinQuotes.html.

[18]　鄧鴻源，愛因斯坦不必感到羞愧，*蘋果日報*，2014年7月30日，http://www.appledaily.com.tw/realtimenews/article/new/20140730/443085/。

理學家歐本海默（J. Robert Oppenheimer），歐本海默因此被人稱為「美國原子彈之父」。[19]1945年7月，原子彈試爆成功，並且在8月上旬於日本廣島、長崎分別丟下兩枚原子彈，瞬間奪去14萬人的生命。[20]愛因斯坦對此痛心地表示：當初致信羅斯福提議研製核武器，是我一生中最大的錯誤和遺憾；他甚至懊悔當初從事的科研且表示：早知如此，我寧可當個修錶匠。[21]

其實當初美國政府在決定在日本投下原子彈前，成立了一個臨時委員會來考慮是否該用上原子彈；委員會主席是戰爭部長史汀生，成員包括哈佛大學校長、麻省理工學院校長、海軍次長、科學研究辦公室主任等人。[22]這委員會指派了一個科學顧問組提供諮詢，四位成員是歐本海默、費米（E. Fermi）、羅倫斯（E. Lawrence）、康普頓（A. H. Compton）；這四個人除了歐本海默之外，都是諾貝爾物理獎得主，臨時委員會最終建議杜魯門總統「應該儘快用原子彈對付日本」。[23]

不過當時仍有不少科學家反對投擲原子彈，例如當初鼓動愛因斯坦上書羅斯福總統重視原子能研究的齊拉德，就取得了數十位科學家的連署，呼籲杜魯門千萬要慎重，這些人

---

[19] 鄧鴻源，愛因斯坦不必感到羞愧，同前註。

[20] 鄧鴻源，愛因斯坦不必感到羞愧，同前註。

[21] 鄧鴻源，愛因斯坦不必感到羞愧，同前註。

[22] 高湧泉，科學與民主：原子彈發明與不發明的故事，STS論壇，http://case.ntu.edu.tw/blog/？p=2496。

[23] 高湧泉，科學與民主：原子彈發明與不發明的故事，同前註。

準備了一份報告反對臨時委員會的建議，認為「無預警地對日本使用核子武器是不恰當的」；如果美國這麼做，會失去全球的支持，而且促發軍備競賽。[24]然而政治人物似乎與科學家想法不太一致，當美國在廣島、長崎投下原子彈後，歐本海默與杜魯門總統見面後表示：「我覺得我們手上有血」，杜魯門不僅告訴歐本海默：「不用擔心，它會洗掉的」，還寫信給朋友數落歐本海默是「哭鬧的科學家」。[25]若從發明原子彈，進而用它來結束戰爭，造成14萬人死亡的角度觀察，科技的發展顯然對人們的生活而言，不是好的發展。

不僅如此，當德國投降之後，美軍立刻派了一組專家調查德國的原子武器發展狀況，結果驚訝地發現他們遠遠落後於美國自己的「曼哈坦」原子彈計畫。德國不僅是沒有造出原子彈，似乎連入門的訣竅都還未找到。[26]這就更說明，人們以為科學或者科技會告訴我們真相，但是實際上卻不是如此！美國研發原子彈的正當性的來源在於要趕在德國完成研發之前，以免造成二戰更大的傷亡。不料事實與當初研判的相去甚遠，到底科學或者科技帶給人們什麼，是進步還是破壞，值得進一步深思！

高湧泉在「科學與民主：原子彈發明與不發明的故事」一文，針對原子彈的發明及該不該被使用提出了許多有趣的

---

[24] 高湧泉，科學與民主：原子彈發明與不發明的故事，同前註。
[25] 高湧泉，科學與民主：原子彈發明與不發明的故事，同前註。
[26] 高湧泉，科學與民主：原子彈發明與不發明的故事，同前註。

問題，例如：物理學家要封鎖住他們找到的秘密，以免人類「誤用」這些知識，給社會「製造更多的風險」，那是可以的嗎？他們有權利這麼做嗎？誰來決定科學知識之存留？誰能決定怎麼才能「正確」地應用科學知識？目前我們是以名利來誘惑科學家知無不言、言無不盡，而不要「留一手」，並讓全民決定手上「應不應沾血、如何沾血」，我們要改變這種狀況嗎？[27]高湧泉儘管認為「這些問題沒有邏輯上的答案」，但是卻主張「相信在民主社會裡，人民才是仲裁者，科學家不能先自我審查，隱藏可以既可善也可為惡之真理。」[28]

　　由人民針對如此複雜的議題來進行仲裁，或許在程序上沒有爭議，但是人民在仲裁前是否都對需要仲裁的議題有深入的瞭解，能夠掌握充分的資訊嗎？若是最後的結果還是受到少數意見領袖的影響，試問由人民仲裁的意義又在那裡？這也就是在民主政治中全民公投無法完全代替代議政治。英國日前舉行「脫離歐洲聯盟」（脫歐）公投，有不少贊成者雖然贏得公投的勝利，但是事後卻後悔，留歐派也展開連署要進行二次公投，連署人數很快就超過300萬。[29]由此更可看出，其實交由公民仲裁是很有疑慮的！

　　2013年聯合大講堂，有次舉辦了「焦點對談：科技，如

---

[27] 高湧泉，科學與民主：原子彈發明與不發明的故事，同前註。

[28] 高湧泉，科學與民主：原子彈發明與不發明的故事，同前註。

[29] 編輯部，憂脫歐效應，英國破300萬人連署再公投，自由時報，2016年6月26日，http://news.ltn.com.tw/news/world/breakingnews/1742124。

何讓生活更美好」的座談會，在會中與談人之一——台中自
然科學博物館館長孫維新，舉了LED燈如何省電，以及酒測
儀器的進步如何幫助檢測人體的酒精濃度會活動造成影響，
來論證科技對生活帶來許多便利。[30]然而同場的與談人之初
創投創辦人——林之晨也引用星際大戰中的一句對白：「只
要有力量的地方，就會有黑暗勢力」（the Force was this one
thing, but there was a 'dark side' of the Force），說明科技雖
然帶來生活的便利，但是也會帶來許多的妨害；他將電子郵
件（Email）視為是任務清單，每個人都可以對他下任務，
讓他疲於奔命，於是他必須設界限，就是星期六、日不收
Email。[31]如果設限了，試問科學或科技還有作用嗎？會不會
那天黑暗勢力大過原來的力量，原子彈發展的故事，不就是
如此嗎？

---

[30]　聯合大講堂，焦點對談：科技，如何讓生活更美好，2013年，https://www.
youtube.com/watch？v=XRdHhzHjm58。
[31]　聯合大講堂，焦點對談：科技，如何讓生活更美好，同前註。

第四章

科學與迷信之間的差異

　　一般人一聽到迷信，就會認為沒有根據，或者道聽途說，然而問題是如果迷信都是沒有根據，為何還有那麼多人相信呢？學科學的人，難道就沒有任何盲點嗎？如何看待迷信在當代的作用與影響，是本章要探討的內容。

第一節　科學與迷信究竟有何差異？

　　根據劍橋字典的說法，迷信是種不是根據人類理性或科學知識，但是與魔法等之舊思想有關的信念。[1]字典公司則針對迷信提出五種定義，分別為：

　　一、一種信念或理念，不是根據理性或知識，而是相信特別事項、環境、發生狀態及流程等具有預示意義。

　　二、一種關於此種信念的體系或集合體。

　　三、一種根據特定信念的習慣或行為。

---

[1]　劍橋字典，迷信，http://dictionary.cambridge.org/zht/%E8%A9%9E%E5%85%B8/%E8%8B%B1%E8%AA%9E/superstition。

四、對於未知與神祕的事，特別是與宗教相關事務有非
　　理性的恐懼。

五、任何盲目地接受的信念或想法均屬之。[2]

　　從上述定義很明顯可以看出，迷信之所以稱為迷信，是因為不是根據理性或知識對於某些特別現象深信不疑。然而這裡牽涉兩個問題，一是人為何會不根據理性與知識來判斷？二是人類的理性與知識，能夠完全解釋所遇到的現象嗎？換言之，為何有人對於非理性與非知識的現象深信不疑呢？舉例而言，如果不是現代醫學已經無法達到治癒的效果，一般人又怎麼會對於某些偏方深信不疑呢？如果那些偏方完全沒有治癒的功能，試問為何還有人會口耳相傳呢？

　　當然本書不在表達要相信偏方更甚於現代醫學，而是在強調現代醫學也有其侷限性，也有窮盡所有方法而無法達到預期治療效果的現象。偏方之所以稱為偏方，不是代表它完全沒有用處，只是它無法經由人類理性與知識的程式予以驗證。更何況如果不是因為在現實世界中有許多無法經由現有理性與知識解釋的現象，試問一般人為何要偏離理性與知識呢？過去中醫也被現代醫學視為不合乎理性與知識的範疇，然而當西方醫學運用針灸及拔罐愈來愈普遍的時候，這不代表針灸及拔罐有了新的進步，只是它符合了現代醫學的理性與知識的檢證。尤其是當美國奧運金牌游泳選手身上出現拔罐的痕跡，相信對中醫療法經由以西方醫學為主流的理性與

---

[2]　字典公司，迷信，http://www.dictionary.com/browse/superstition。

知識來檢驗有所助益。

　　為了瞭解一般人對於科學與迷信的差異，因此針對一班選修通識課程大一到大四約50位跨科系學生進行2~3人為一組的分組意見調查，請他們提出科學與迷信的差異，意見如下：

一、科學：會質疑、批判，得出證明的同時摻雜著執著與極端；迷信：盲目地相信。

二、科學：講求證據，實事求是；迷信：民眾以訛傳訛未經過求證。

三、科學是有根據的，強調理性，認為事情都可實驗或觀察來加以驗證；迷信沒有根據，強調感性，教主說什麼就是什麼。

四、科學是有專家背書和證實；迷信是沒有證據但大家都相信。

五、科學可以去查證迷信的真假，也可以否決迷信的傳言。

六、科學是有文字根據比較死板；迷信因人而異，信者恆信。

七、迷信是不正確的科學；迷信是相對於科學的一種存在。

八、迷信有個人主觀的自由心證；科學是有一定理論，經由反覆驗證產生的結果。

九、科學是有根據的，迷信是盲目地相信。

十、科學：有根據的研究、可歸納的事實、有證據可憑

依、可被推翻有新論點、理性、已知；迷信：傳說中、憑空捏造、找不到實證、缺乏科學論證、未知。

十一、科學與迷信的差異在於「論證」的方式，科學認為「沒有證據證明是真的就是假的」；迷信認為「沒有證據認為是假的就是真的」

十二、迷信是心理上的依附；科學是探索事物運動的客觀規律。

十三、科學＝西醫，經由一連串科學實證，調配出對身體有益的藥方或治療方法；迷信＝中醫，祖先流傳下來的偏方，沒什麼科學根據。

由上述學生對於科學與迷信差異的意見，很明顯可以看出與前述定義的差別不大，科學是理性的，有根據的，可以反覆驗證的；迷信則是盲目相信，找不到實證。不過，當學生被問到如果沒有根據，為何還有那麼多人相信時，學生紛紛就沉默了。學生的沉默，說明對於現在世界中的理念及現象迷信，只是說明該理念及現象尚未經過檢驗，不代表沒有意義。

比較有趣的意見是，科學是有專家背書和證實。換言之，沒有經過專家背書與證實，就有可能是迷信，問題是專家一定不會錯嗎？當然不是，不過這樣的意見，也說明科學社群的關鍵性，經過科學社群認同的理念或想法，往往也就被大家所接受為理性或知識，反之則否。至於認為科學＝西醫、迷信＝中醫，則反映儘管現代許多醫院都設有中醫部，

但還是有學生認為中醫是迷信的，這也說明既定印象與想法的改變，是多麼不容易的一件事。

第二節　科學與迷信的差異不大

科學與迷信的差距真有如此大嗎？以下將以一個例子來說明，科學與迷信的差距不是太大。

2011年9月媒體報導，曾擔任台積電主任工程師的劉淑貞博士，透過Skype的影音交談，與一位宣稱是美國四星上將David Howell Petraeus墜入情網，而且這個David還告訴她即將出任CIA局長，劉淑貞多方查證，認定這個David不假。[3]劉淑貞表示，因為David向她求婚，所以她選擇自台積電離職，而未婚夫有一筆征討利比亞的私人軍費無法兌換，希望她可代為匯兌，作為他來台結婚的費用，但要求她也同時先匯給他3萬美元，他則寄給劉女花旗銀行37張旅行支票取信。[4]劉淑貞因為向兆豐銀行兌領David所給的旅行支票，被行員認出是偽造，報警逮捕，此一跨國網戀兼詐騙案才曝光。[5]

曾經過嚴謹科學訓練的物理學博士，難道自始至終都未發現這可能是詐騙案嗎？實際的情況是，劉淑貞表示，交

---

[3]　劉慶侯、蔡彰盛，冒牌CIA頭子騙倒女博士，**自由時報**，http://news.ltn.com.tw/news/focus/paper/523545。

[4]　劉慶侯、蔡彰盛，冒牌CIA頭子騙倒女博士，同前註。

[5]　劉慶侯、蔡彰盛，冒牌CIA頭子騙倒女博士，同前註。

往期間，她雖曾懷疑是詐騙，也問過對方：「你為什麼找上我？」David只回答「當我們見到面時，會再告訴妳一切的。」再加上十年前九一一事件發生時，她就在美國紐約，最近利比亞發生的事，她都有所聞，而這些事件，David講得都很精確，所以她最後自然都信任David說的一切了。[6]此外，她也曾用側錄的視訊紀錄比對中情局公開資料，結果「完全符合」，所以她堅信未婚夫身分無誤，也相信「未婚夫很快就會搭軍機來臺北接我了」！

　　如果以為被詐騙案曝光後，女主角就覺醒了，故事就因此結束了，有這樣想法的人可能要失望了。女主角並未因詐騙案曝光就結束宣傳這樣戀情，反而在兩年後的2013年以英文寫成一本「網路愛情的傳奇：最高階的間諜和他的華人愛人」（A Legend of Cyber-Love: The Top Spy and His Chinese Lover），並且在國際知名購物網站亞馬遜上銷售。[7]將能夠以英文出書，並且在知名網站上銷售的女主角，視為精神有問題，似乎不合乎邏輯。可是若是女主角沒有任何問題，恐怕又說不過去，因為她在面對訪問時表示未婚夫將軍的名字是David Howell Petraeus，然而在書中的名字卻是Tealeaf Howard Patrick，又顯得問題重重。

　　從這個案例很明顯的可以看出，即使經過嚴謹的科學

---

[6]　劉慶侯、蔡彰盛，冒牌CIA頭子騙倒女博士，同前註。

[7]　Margaret Liu, "A Legend of Cyber-Love: The Top Spy and His Chinese Lover", https://www.amazon.com/Legend-Cyber-Love-Top-Chinese-Lover/dp/1482895471。

訓練，也經過實際的多方查證，並不代表不會發生錯誤。更嚴重的是，一旦相信了之後，再有其他與認知不符的事證出現，如變造的旅行支票，卻仍未改變原本相信的態度，而不再去檢視過去事證可能不符事實的問題。換言之，若是不能採取開放的態度，很可能就錯失檢視新事證的機會，當然也就容易陷入錯誤當中而不自知。如果認為劉淑貞的精神有問題，才會發生此種錯誤的話，可能就把問題想得太簡單了。諾貝爾醫學獎與化學獎得主謝茲曼（Daneil Shechtman）在得獎前被同儕排斥或嘲笑，就恐怕不是精神方面的問題了。

　　以色列科學家謝茲曼（Daneil Shechtman）因發現並揭開準晶（quasicrystals）的秘密，獲2011年諾貝爾化學獎，係因該項成就革新了科學界對固態物質的觀念。[8]諾貝爾委員會形容，準晶有如「引人注意的原子拼花圖案」，其排列型態極有秩序且對稱，而絕不重覆；謝茲曼的發現「極具爭議性」，因為準晶的原子「排列方式與自然法則牴觸」；瑞典皇家科學院對此指出，謝茲曼1982年的這項發現根本改變了化學家對固態物質的看法。[9]據瞭解，準晶不僅已在實驗室中發現，並在礦物中自然存在；由於結構緊密，這種晶體有強化材料的功能，能應用在消費產品，比如煎鍋以及柴油機等機器，後者須承受高溫和機械壓力；還有1家瑞典公司發現，某種最耐久的鋼材中也有準晶，而這種鋼材如今用於製

[8]　中央社，獲諾貝爾化學獎謝茲曼發現曾遭奚落，**聯合報**，2011年10月5日，http://udn.com/。

[9]　中央社，獲諾貝爾化學獎謝茲曼發現曾遭奚落，同前註。

造刮鬍刀片和眼外科使用的細針等產品。[10]

　　為何諾貝爾委員會及瑞典皇家科學院，會對謝茲曼的準晶新發現有此種評語呢？主要是先前科學界都認為，晶體的原子是以對稱型態排列；但謝茲曼揭露，晶體原子的排列型態也可能不重覆，他是在以顯微鏡觀看鋁錳混合物時，發現這種絕不重覆而且似乎與自然法則相反的型態。[11]也正因為謝茲曼的發現挑戰了一般科學家對於晶體的既定印象，因此遭受不少來自於同儕的排擠與嗤笑。謝茲曼在授課大學公佈的研究結果中說：「我告訴每一位願意聆聽者，我有5角對稱的材料，結果大家只是嘲笑我」；在其後多月間試圖說服同僚相信他的發現，但對方總是不願相信；他所任職的「美國國家標準與技術研究所」（US National Institute of Standards andTechnology）負責人甚至給他1本結晶學教科書，建議他閱讀；最後有人要求他，離開他在這個機構內的研究團體。[12]

　　謝茲曼同事們與劉淑貞一樣，也都是經過嚴謹的科學訓練，也都會針對新事證進行查證，但是也都無法放棄既定的理念，甚至認為這樣的新發現是不懂得化學的根本原則，所以丟一本教科書給謝茲曼，意思是請他從頭學起。謝茲曼最後不得已只好返回以色列，與1名同僚合作撰寫1篇談論此一現象的專文，該文最初遭拒絕刊登，終於在1984年11月發表

---

[10]　中央社，獲諾貝爾化學獎謝茲曼發現曾遭奚落，同前註。
[11]　中央社，獲諾貝爾化學獎謝茲曼發現曾遭奚落，同前註。
[12]　中央社，獲諾貝爾化學獎謝茲曼發現曾遭奚落，同前註。

在學術刊物上,其結果卻是引發科學界一片譁然;兩度拿下諾貝爾獎的鮑靈(Linus Pauling),就是絕不相信此一發現的科學家之一。[13]

謝茲曼在2011年獲得諾貝爾化學獎肯定時,已經70歲了,距離他發現準晶時的1982年,整整過了30年。若非謝茲曼還算長壽,有可能得不到諾貝爾獎的肯定,因為諾貝爾獎規定只頒給還活著的人。看到謝茲曼遭受到的待遇,不禁令人感到好奇,為何理應比較容易接受新觀點、新發現的科學家,卻反而比一般人更不容易接受創新意見呢?這當然與「科學社群」所認定的典範有關,因為準晶的不對稱特性,與過去科學家認定晶體是對稱的典範相衝突,所以不被接受。換言之,典範固然可以幫助人們系統性認識這個世界,卻也可能會限制接受新的科學發現。當然新發現不被同儕接受的諾貝爾獎得主,不是只有謝茲曼一個人。

羅斯曼(James E. Rothman)是2013年諾貝爾醫學獎三位得主之一,他指出當年在史丹福大學剛開始做這項研究時,同事都表示要重現整個細胞神秘的複雜性,「瘋子才會這麼做」。[14]羅斯曼表示,當時充滿「年輕的傲骨」,不理會旁人的嘲諷,堅持研究路線,還好當時有堅持下去。[15]羅斯曼進一步表示:「這不是一夕間發生的事,是經過許多年

---

[13] 中央社,獲諾貝爾化學獎謝茲曼發現曾遭奚落,同前註。

[14] 編譯組,研究細胞 羅斯曼當年被笑瘋了,聯合報,2014年09月23日,https://health.udn.com/health/story/5999/366832。

[15] 編譯組,研究細胞 羅斯曼當年被笑瘋了,同前註。

才完成並發展出來，如果不是數十年，也是好多年」；羅斯曼另外指出，近年來他在這項研究上喪失大筆資助，如今他將重新申請，希望諾貝爾獎光環有助於獲得資助。[16]

　　如果羅斯曼不是有點瘋，世人恐怕就不會有機會看到另外一個諾貝爾醫學獎的得主。西方醫學作為現代科學的一支，相關從業人員理應更容易接受新觀念與想法，然而實際的狀況卻不是如此。羅斯曼的同事與謝茲曼的同事都一樣，對於新的研究或新發現，不僅沒有給予應有的支持，反而以輕蔑的態度來對待，不是認為他瘋了，就是認為他不懂得學科的根本原則。若非當事人在面對同事間的嘲諷繼續堅持，可能科學新發現就不存在了，但是要堅持下去談何容易。由此可見，不是只有看似精神有問題的人，才會去堅持舊有的理念與想法，自動過濾新出現的事證，頂尖的科學家同樣會犯相同的錯誤。這也提醒從事科學研究者保持開放態度的重要性，不因受到既有典範的影響，而妨礙科學新發現。

---

[16] 編譯組，研究細胞 羅斯曼當年被笑瘋了，同前註。

第五章

身心靈科學的虛與實

　　前臺灣大學校長李嗣涔，也是該校的電機工程系教授，是台灣少數研究身心靈科學的自然科學家。由於身心靈科學與一般所認定科學的模式有所差異，稍一不慎可能陷入怪力亂神之中，以下將針對身心靈科學來進行檢視。

第一節　何謂身心靈科學

　　誠如李嗣涔在演講中所講的，人類的結構可以分成身心靈，其中身與氣功有關，心與特異功能有關，靈則與宗教有關。[1]由於身心靈科學，尤其是心靈科學，與傳統科學所探討的自然領域有非常大的差別，李嗣涔特別請聽眾要放開心胸來接受新觀念。[2]這也說明要將身心靈科學納入一般科學討論之不易。

　　氣功的醫療保健方法，是運用大腦意識的作用，對身

---

[1]　李嗣涔，人體身心靈科學（上），https://www.youtube.com/watch？v=qhgrgPXfx9U。
[2]　李嗣涔，人體身心靈科學（上）」，同前註。

體實行自我調節的經驗總結，與中國傳統醫學中對人體疾病的診斷方法如望、聞、問、切，以及治療的方法如針灸及中藥，形成了一個完整的醫療體系。[3]李嗣涔進一步指出，部分尚無法被近代科學所解釋，被斥為「不科學」、「迷信」的傳統習俗及神鬼現象，竟然與氣功的修煉是同一來源、同一體系的現象；隨著科學探索的逐步深入，發現氣功與伴隨而來的人體特異功能，不但不是迷信，反而是人體科學上的高層次問題，是一個充滿向人體生命現象挑戰、徹底瞭解宗教現象的巨大領域。[4]

　　至於特異功能的研究，李嗣涔將之粗略來分為兩種不同的類型：一種是超過常人的感覺能力，也就是西方所謂的ESP（Extra Sensory Perception）超感官知覺能力，包括了能感覺他人心思的「心電感應」；能透過障礙物而看到內部影像的「透視力」；能看到或聽到遠處訊息的「遙感」、「遙測」能力；能「預知未來」、「迴知過去」打破時間因果律及捕捉殘留訊息的能力。另一種類型是發放的能力，例如以意志使物體移動、彎曲的念力，使物體在一地消失，在其他地方出現的「突破空間障礙」的能力；千里傳功改變遠方物質特性以及千里治病的能力等等。這些特異功能的來源大概有三種：第一種是與生俱來的；第二種是經由氣功的訓練到了高級階段而出現的；第三種是大病一場，已瀕臨死亡邊緣

3　李嗣涔，氣功與人體潛能研究的歷史回顧，http://sclee.ee.ntu.edu.tw/2015mind/mind1.htm。

4　李嗣涔，氣功與人體潛能研究的歷史回顧，同前註。

又活了過來之後出現的。[5]

　　不論是特異功能兩種不同類型或者是三種來源，由於都與現代科學所能檢測與驗證的方法有甚多的差距。為了說明身心靈科學的科學性，李嗣涔特別引用美國杜克大學心理學研究所萊因博士發展出實驗方式，他們運用一套五張ESP卡片以及它們的使用方法，再配合統計學及或然率理論來決定超感官知覺能力的存在性，由此建立了近代實驗超心理學的嚴格科學基礎。[6]李嗣涔另外亦指出，儘管西方科學似乎在他們的研究比我們領先了半個世紀，但幸運的是我們有老祖宗流傳下來的氣功作基礎，可以訓練很多人才產生特異功能來做研究，不像西方只能去找天生特異的人士，因此我們一開始就有可能超越西方超過半個世紀的成就。[7]此種說法，似乎對於本身研究能夠超越西方，頗有信心。

　　經過近五年的研究，李嗣涔表示他所率領的研究團隊在三種特異功能：即「心電感應」、「念力轉動指南針」以及「手指識字」獲得了一些成果。[8]在心電感應方面，經過四年的研究，測試了一百三十多位學生後，發現了五位具有顯著「心電感應」能力的同學，都從來沒有修練過氣功。一百三十多位學生的樣本數雖然不多，但是頗具參考性。至於在「念力轉動指南針」的實驗中，李嗣涔的研究團隊要求受

[5]　李嗣涔，氣功與人體潛能研究的歷史回顧，同前註。
[6]　李嗣涔，氣功與人體潛能研究的歷史回顧，同前註。
[7]　李嗣涔，氣功與人體潛能研究的歷史回顧，同前註。
[8]　李嗣涔，氣功與人體潛能研究的歷史回顧，同前註。

試者先換衣服，換上剛拆封之內衣及無塵褲，穿拖鞋，經過高斯計檢查確定身上沒有磁性物體存在，開始以念力轉動一密封的指南針，結果有一次發現在受試者右臉頰附近產生高達115高斯的磁場，是地球磁場的380倍，顯示念力中有部份力量是由磁場所產生，當然這只是量某位特異功能人士的結果。[9]由於這只是某位特異功能人士的實驗結果，能否推及其他特異功能人士身上恐怕有疑問，這也是此種研究必須做更深入之研究的原因。

在「手指識字」研究上，李嗣涔發現幾位十一、二歲的小孩具有手指識字及耳朵聽字的能力；也就是用彩色筆在一張紙條上寫上中文或英文或畫上圖案，再將紙條折疊成小紙團交給小朋友放入耳朵或拿在手上，結果快的只要幾十秒，慢的要幾分鐘到幾十分鐘便可以「看」到紙上所寫的字或所畫的圖案；經過四年嚴格的實驗，可以確定手指識字是一件千真萬確，具體存在的事實。[10]李嗣涔解釋，這一種非眼視覺是伴隨腦中出現「螢幕效應」過程才能達成，而且手掌溫度一定要低於34℃才行。[11]此種非眼視覺，以及為何手掌溫度一定要低於34℃才行，由於與現代科學能檢測的範圍都有些距離，因此需要進一步實驗，才能為科學社群所接受的系統化知識。

李嗣涔也提及此種研究曾經面臨的困難，他表示開始研

9　李嗣涔，氣功與人體潛能研究的歷史回顧，同前註。
10　李嗣涔，氣功與人體潛能研究的歷史回顧，同前註。
11　李嗣涔，氣功與人體潛能研究的歷史回顧，同前註。

究氣功時，一般社會大眾以及學術界還視為不科學、迷信的領域，經過國科會（現改為科技部）前後幾任主委的大力支持，終於在氣功的本質以及氣功修煉到高段以後所出現的人體潛能研究上有了一些突破，不但將為數眾多的氣功修煉法做了一個簡單的歸納，分為「共振態」與「入定態」兩種，也對兩者之前後做了一些釐清及定位，使得練「共振態」變成輕而易舉的功夫，一個不會氣功的人可以在五分鐘內達到氣集丹田或氣走任脈之效果；中國自古以來所傳說的人體特異現象，也經過不斷的實驗，正逐步揭開它神秘的面紗；相信再假以時日不斷的研究，自古以來讓人迷惑又敬畏的人體神祕現象，終會有水落石出的一天。[12]

第二節　身心靈科學爭議

李嗣涔願意突破過往科學研究的限制，探索過去科學較少觸及的身心靈科學領域，若能提出系統性的解釋，且可以經過不斷實驗證明為真，不僅在台灣科學界會有不朽的成就，在全球科學界也都會有其應有的地位與貢獻。然而，就是因為身心靈科學是科學界較少觸及的領域，研究成果引發爭議再所難免，只是這樣的爭議究竟屬於前所述諾貝爾化學獎得主謝茲曼、醫學獎得主羅斯曼，暫時不被學術社群接受，或是研究本身的科學性不具說服力。

---

[12]　李嗣涔，氣功與人體潛能研究的歷史回顧，同前註。

　　爭議的產生在李嗣涔指導電機所研究生在完成的碩士論文「撓場理論與特性研究」，有「十年內禁止外界查閱」的限制。[13]由於「撓場理論」不僅是解釋人體能手指識字等特異功能的依據，且李嗣涔聲稱他的實驗室最近對俄國學者西波夫（Shipov）也曾提出的撓場理論已有實驗上的突破。[14]既然如此，當然會引起台灣物理學界的興趣。只是當台大物理系教授楊信男請人到台大總圖印該篇碩士論文，卻得到「該論文應作者要求鎖住10年，在2016年6月底前外界不得參閱」的答覆，當然覺得不可思議。[15]不止是楊信男，包括張顏暉、高湧泉等台大物理系教授、中研院鄭天佐及台大化學系退休名譽教授劉廣定，對國家出資培育的碩士論文，竟然對外封鎖長達十年，使外界無法看到內容，網路也只能看到開頭目錄及參考文獻，均認為「太離譜了！」[16]

　　消息曝光後，楊信男也發現，此篇論文目前在台大電子學位論文網頁的目錄、參考文獻等資料，已與之前存檔的版本不同，包括Shipov和李嗣涔以前發表的文章都從參考文獻摘除。[17]不僅如此，報導此一消息的記者將台大圖書館新

---

[13] 郭怡君、黃以敬「特異功能與撓場研究爭議又一章／李嗣涔封鎖論文10年，學界砲轟，http://news.ltn.com.tw/news/life/paper/114408。

[14] 郭怡君、黃以敬，特異功能與撓場研究爭議又一章／李嗣涔封鎖論文10年，學界砲轟，同前註。

[15] 郭怡君、黃以敬，特異功能與撓場研究爭議又一章／李嗣涔封鎖論文10年，學界砲轟，同前註。

[16] 郭怡君、黃以敬，特異功能與撓場研究爭議又一章／李嗣涔封鎖論文10年，學界砲轟，同前註。

[17] 郭怡君、黃以敬，特異功能與撓場研究爭議又一章／李嗣涔封鎖論文10年，學界砲轟，同前註。

檔資料與國家圖書館保存的原始版本資料進行比較，發現該論文內容由原本70頁減為60頁，曾引發爭議的「撓場與訊息場」等章節內容被刪除，參考文獻中「由手指識字實驗辨識特殊神聖字彙現象」等李嗣涔個人著作，都被刪減。[18]劉廣定強調，學術研究公開成果互相檢驗切磋，才是學術發展的正途，領有教育部獎助學金的學生，無論研究計畫經費是否為公家補助，都有對外公開的義務。[19]

不只是台大教授對於研究生論文鎖定10年不公開感到不可思議，其他學校的教授在得知上情後，也認為不可思議。例如，清華大學教務長周懷樸表示，為便利研究者申請專利等智財權行使，許可研究生可以申請「延緩上架公開」，但最長僅可延緩兩年；且論文不僅須經公開，最好能上網公佈，接受社會公評，國立大學許多資源經費來自國家，研究成果應該鼓勵社會共用，不太可能10年不公開。[20]成功大學校方表示，除非是研究贊助單位有明文要求研究不得公開，或是涉及國防機密而依法不得公開，否則成大的學位論文，就算基於申請專利或學術競爭需求，最多也只能保留兩年不公開。[21]

---

[18] 郭怡君、黃以敬，特異功能與撓場研究爭議又一章／李嗣涔封鎖論文10年，學界砲轟，同前註。

[19] 郭怡君、黃以敬，特異功能與撓場研究爭議又一章／李嗣涔封鎖論文10年，學界砲轟，同前註。

[20] 郭怡君、黃以敬，特異功能與撓場研究爭議又一章／李嗣涔封鎖論文10年，學界砲轟，同前註。

[21] 郭怡君、黃以敬，特異功能與撓場研究爭議又一章／李嗣涔封鎖論文10年，學界砲轟，同前註。

　　對於研究生論文鎖定10年不能公開引起如此大的爭議，李嗣涔的解釋是：撓場理論牽涉非常複雜，並非一篇碩士論文就可以交代完整，重大科技發現為避免中途發表讓競爭者輕易追上，都會暫緩公開，他設定10年期限，是因此複雜研究已做了4年還沒有太大把握，希望實驗做到很有把握再對外公開；李嗣涔坦承，在得知台大物理系教授楊信男去查論文後，才打電話要求圖書館鎖住論文10年，但那是因為事前他和學生都沒想到要填寫不公開的申請書，他問過台大圖書館後，確認作者有權要求不公開才作此要求。[22]

　　這樣的回答恐怕會引發更大的問題，既然撓場理論無法以碩士論文來交待，在加上實驗尚未做到很有把握，試問該論文如何能夠通過口試委員會的審查，取得碩士學位？儘管不甚完美，但是既然論文能夠通過口試委員的認可，就一定具有學術參考價值，但是因為不公開且理由牽強，不僅讓論文的信度與效度受到質疑，更是陷口試委員於不義。更何況一般而言，為了申請專利理由，通常以2年為限，設定10年暫緩公開，違反慣例，難免會引起更多質疑。尤其是台灣近年來違反學術倫理案件時有所聞，此舉只會讓外界對該論文以及整個身心靈科學所宣稱取得的成果，留下更多的疑問，對新科學理論的推廣絕對有許多不利的影響。

　　被視為繼愛因斯坦以來最知名的科學家霍金（Stephen Hawking），他的名字在科學上可謂是永遠與黑洞理論綁在

---

[22] 郭怡君、黃以敬，特異功能與撓場研究爭議又一章／李嗣涔封鎖論文10年，學界砲轟，同前註。

一起。[23]他竟然在2014年出版一篇題為「黑洞的資訊保存與
氣象預報」（Information Preservation and Weather Forecasting
for Black Holes）的論文，推翻了黑洞存在的理論，而代之
以灰洞理論（grey hole theory）。[24]換言之，霍金後來的研究
推翻了他前面研究的結論，但這不妨礙他成為有不朽成就的
物理學家。同樣地，即使撓場理論被後續的研究推翻，若其
原本的研究結果成立，其學術參考價值應被肯定，實在無須
10年暫緩公開。當然若該論文本身的立論基礎無法經得起檢
驗，則另當別論。

[23] Adrian Cho, "Stephen Hawking, who shined a light on black holes, dies at age 76", *Science*, Mar. 14, 2018, https://www.sciencemag.org/news/2018/03/stephen-hawking-who-shined-light-black-holes-dies-age-76

[24] Gareth Morgan, "Stephen Hawking says there is no such thing as black holes, Einstein spinning in his grave", Express, Jan 24, 2014, https://www.express.co.uk/entertainment/gaming/455880/Stephen-Hawking-says-there-is-no-such-thing-as-black-holes-Einstein-spinning-in-his-grave

第六章

外星人存在嗎

如何客觀看待外星人的議題？如果沒有外星人，為何有許多不可解釋的現象如麥田圈之類的現象？以外星人為主題的電影不知凡幾，甚至同一主題還拍了不少續集，如變形金剛（transformer），說明人們對此議題十分感興趣。若有，又是以什麼樣的形式存在？能夠跟人類溝通嗎？是像電影所描述的，是因為原本他們所住的星球不適合居住，所以來另覓住所嗎？

第一節　外星人存在的證據

若進入網路世界，會發現有許多外星人存在地球，從7項到30項不等，內容有重疊亦有不同。實際上我們只要證明其中1項是準確無誤的，就足以證明外星人確實存在且來過地球。基此，本書將著重介紹那重疊性較高的7項證據，並且探討這7項證據究竟能否經得起檢驗。

根據「壹讀」網站有篇題為〈外星人存在地球七大證據：你都知道嗎？〉的文章，共提出外星人來到地球的七項

證據。外星人存在證據之一是麥田怪圈現象：麥田圈中的作物「平順倒塌」方式以及植物莖節點的燒焦痕跡並不是人力壓平所能做到，多位科學家曾多次試圖使用現代設備力量對這一現象進行複製，但至今未能達成，「麥田怪圈」現象的報導可以追溯到1647年的英國，至今科學家沒有麥田怪圈是人為構造的證據。[1] 外星人存在證據之二是伊卡石，也就是遠古石刻，主要是人類學家賈維爾卡布里拉博士和父親收集到1100塊約有500年到1500年歷史的石頭，這些石頭上蝕刻著許多圖畫，其中有一些圖畫描述了人類做「心臟手術」和「大腦移植手術」的場面，還有人類捕獵恐龍的畫面，令人匪夷所思！[2]

　　外星人存在證據之三是外星求救訊號，法國報界曾披露，美蘇兩國科學家正在聯合研究一種來自外太空的神秘無線電訊號——5萬年前從某個星球發出的求救呼喚，並且已經正確的將其翻譯，大意是：請指引我們到第4宇宙，發生爆炸。我們處境十分危險。我們的時間是117、089，位置在12銀河系。[3] 外星人存在證據之四是來自月球的「金字塔」，人類拍攝的第一張月球背面照片，早在70年代就由美國航空太空總署公佈了；然而照片上的秘密直至80年代才由美國幽浮（UFO）研究者科諾・凱恩奇揭示出來，從「阿波

---

[1]　壹讀，外星人存在地球七大證據：你都知道嗎？，*我們都愛地理*，2016年4月1日，https://read01.com/zdEMnB.html。

[2]　壹讀，外星人存在地球七大證據：你都知道嗎？，同前註。

[3]　壹讀，外星人存在地球七大證據：你都知道嗎？，同前註。

羅號」帶回來的太空船拍攝的照片上看，飛碟的體積大大超出了地球人的想像，其中一個直徑估計在10公里以上，相當於一個小城鎮，而且還發現了類似金字塔的建築物。[4]

外星人存在證據之五是月球隕石坑中的宇宙飛船，在1971年「阿波羅15號」執行任務時，就已經發現了這個物體，當時太空人們認為那是一塊外形奇特的岩石；後來經過研究發現，這個物體應該是智慧生命的傑作，而且其存在的時間已經長達15億年，從形狀上來看這的確是一架屬於人類文明的飛機，但是為何會出現在月坑之中，令人匪夷所思！外星人存在證據之六是一萬兩千年前的姆大陸，姆大陸是密克羅尼西亞群島中有一個波納佩島，附近海底有一片沉沒的古陸，有保存相當完整的街道、石柱、石像、住宅，黃金和珠寶飾物；「姆大陸」已消失於一萬兩千年以前，可以看出當時的姆大陸是一個高度文明的社會，但是那個時代人類的確不可能擁有如此的智慧！根本不可能有石柱，珠寶首飾，這到現在還是一個謎團！[5]

外星人存在證據之七是瑪雅太空人雕像，該幅雕像被視為是瑪雅民族將「天上信使」的訊息，或者作為一位來訪太空中駐足地球的證據。不過，截至目前為止考古學家們對於瑪雅人所創造的象形文字只能瞭解三分之一，僅在數字方面稍能瞭解，其他則仍在摸索階段，使得這個在百冷閣被發現的石刻浮雕，雖然上面載有瑪雅文字說明，但至今仍未能得

---

[4]　壹讀，外星人存在地球七大證據：你都知道嗎？，同前註。
[5]　壹讀，外星人存在地球七大證據：你都知道嗎？，同前註。

知究竟這個浮雕人像是誰？[6]該文的文末提到「從以上未解謎團來看，或許在地球上真實的存在這些天外來客，他們從古至今一直觀察人類活動，並且留下自己的記號，但是卻一直與人類進行一場『躲貓貓』的遊戲。」[7]這就引發了另外一個問題，為何外星人要與人類躲貓貓呢？尤其是外星人存在證據之三是求救訊號，既然要求救，卻又不想要讓人類知道，這不是件非常矛盾嗎？

美國太空總署（NASA）被公認是當前地球探索太空現象最權威的單位，曾經擔任署長且是太空人出身的波登最近在一場討論會上表示：「NASA愈來愈確信在浩瀚的宇宙中，仍有其它的外星生命存在，而且多數NASA的同事都認為，在浩瀚的宇宙當中，不太可能只有我們人類孤獨地存在。」[8]出席該研討會的還有NASA的首席科學家史托芳（Ellen Stofan）、NASA助理署長葛倫斯菲德（John Grunsfeld）、麻省理工學院（MIT）的行星科學家席格（Sara Seager）等人，NASA並在該場合上宣佈預定2017年發射一枚調查衛星，執行深入調查外星球的任務；NASA預測，新的太空望遠鏡可能協助他們在未來20年內發現和地球相似的可居住星球，並可能找到外星生命的跡象。[9]

MIT的席格表示，人類在近期的未來，或許可以指著某

---

[6]　壹讀，外星人存在地球七大證據：你都知道嗎？，同前註。

[7]　壹讀，外星人存在地球七大證據：你都知道嗎？，同前註。

[8]　陳澄和，NASA：愈來愈確信有外星生命存在，2014年7月23日，http://udn.com/NEWS/WORLD/WOR7/8822863.shtml

[9]　陳澄和，NASA：愈來愈確信有外星生命存在，同前註。

顆星星說，那顆星星有個和地球一樣的行星；根據2009年啟用的凱蔔勒太空望遠鏡搜集到的新資料，科學家如今認為，銀河系的每顆星球，幾乎至少都有一個行星在環繞；在2018年啟用的James Webb太空望遠鏡，將可協助科學家瞭解在無數的行星當中，是否有任何化學足跡會顯示生命的存在；科學家尤其專心在行星的大氣層中，探尋只有生命才會產生的氣體；回顧1990年他還在當太空人時，他並未邂逅任何形式的外星生命，但他確實一直都在認真尋找。[10] 既然最接近宇宙的太空人都一直還在尋找，代表外星人存在的證據仍然令人存疑。

在進一步探討證據真實性或可靠性之前，要先看一下一般大學生如何看待外星人存在與否的問題。他們所提出的問題如下：

1. 為何美國、英國要造假外星人存在的事實？

2. 若外星人真的存在，他們是靠什麼維生？和人類最大的差異點為何？

3. 如果外星人有能力到達地球，是否代表他們的科技比我們先進？

4. 外星人都吃什麼？外星人會對我們構成什麼威脅？

5. 外星人有器官嗎？有部落、家族嗎？交通工具只有UFO嗎？

6. 外星人要告訴我們什麼？

---

[10] 陳澄和，NASA：愈來愈確信有外星生命存在，同前註。

7. 外星人從哪個星球來的？人口有多少？來地球的目的為何？

8. 外星人需要氧氣嗎？利用什麼資源賴以維生？有男女分別嗎？用什麼互相溝通？

9. 為什麼有些國家要封鎖對外星人的消息？

從以上大學生的提問可以看出，他們都是以人類自身的經驗來看待外星人存在與否及其特點，包括吃什麼、靠什麼維生、是否需要氧氣、有器官及性別差異等等。有道是「問對問題就找到答案的一半」，因此我們要問的問題是：如果外星人存在，是否與我們完全不一樣？也正因為完全不一樣，或至少相似性極為有限，即使他們來到地球，現在在地球的人類也難以與他們溝通，這也是電影「第三類接觸」所要強調的內容，所以當我們要去探究外星人存在與否，就要跳脫原有的窠臼來思考，外星人可能不再是長得像電影ET裡所呈現的樣子？也可能不是我們所以為的是搭乘飛碟而來？若是外星人能夠從那麼遠的地方來到地球，很可能是超越現有的科技很多，我們又如何能用現有的框架去判斷外星人存在與否呢？

第二節　外星人存在的質疑

儘管有不少證據似乎在說明外星人確實存在的痕跡，不過同樣也有不少證據來反駁那些證據的真實性。以麥田圈為例，在2014年於英國多賽特（Dorset）附近農田，在一夕之

間竟冒出個構圖極為複雜的麥田圈，而這個麥田圈代表的意義，當地居民眾說紛紜掀起討論；神祕的麥田圈向來被視為「外星人」到此一遊的標記，對於外星狂熱粉絲來說，麥田圈的出現是個好消息，但農田遭到無情破壞的主人，可是既無奈又憤怒。[11]

根據英國《每日郵報》（Daily Mail）報導，其實先前就有人出面證實其實麥田圈是人為惡作劇，但仍有很多人相信，構圖複雜、無法解釋的神祕麥田圈是外星人留下的訊息，而這是英國2014年第一次出現的麥田圈，當然備受大家關注，事後罪魁禍首馬修（Matthew Williams）出面自首表示，這是他的傑作。[12]神祕的麥田圈居然是年輕人的惡作劇，這對於追逐外星人的粉絲而言，真是情何以堪，因此即使有證據顯示那不是真的，追星人仍然寧願相信那是真的。其實人類在許多方面都是如此，明明已經有證據顯示不是真的，但是受到原有典範或世界觀的影響，人們傾向相信新的不是真的，舊的仍然是真的。

也正因為人們有這樣的傾向，因此總是會有許多光怪陸離的事件發生，包括美國一直謠傳有51區的存在。2016年在網路上也有一段聲稱於1964年，在美國51區（Area51）拍攝的「外星人訪談」影片，曝光後不斷在網路上被瘋傳，也

---

[11]　吳毓敏，外星人到此一遊？神祕麥田圈有解，**中時電子報**，104年7月15日，http://www.chinatimes.com/realtimenews/20140715004862-260408

[12]　吳毓敏，外星人到此一遊？神祕麥田圈有解，同前註。

在《Youtube》上引發內容是真是假的論戰。[13]公開影片的《Youtube》頻道「MeniThings」聲稱，這段影片源自美國空軍的秘密調查計劃《Project Blue Book》。在影片中，有一名外星人與美軍對談，它表示自己不是來自地球外的生命體，而是來自未來，是人類進化後的子孫；為了觀察這個時代的人類，才來到這裡；並且透露人類在21世紀會因宗教、政治對立爆發核戰爭，導致大滅絕。[14]

更特別的是，外星人在影片中表示在它們的時代，已掌握了宇宙的秘密，並指出，有無數的宇宙存在，他們所處的宇宙是因為偶然，而有生命誕生；至於死亡，只是人類想像的產物，其實並不存在；因為死亡是人類生命的構造之一，他們都是一段一段由死亡斷開的生命；意即生命是無窮盡的，死亡後就開始另一段生命，每段生命間的區隔就是所謂的死亡。[15]然而若細究其中訪談的內容，著重在闡述人類與外星人的關係、核戰導致大滅絕，以及不必恐懼死亡，其實都是從人類現存所關心的問題出發，也在好萊塢電影演出過，真實性當然是值得存疑的。

2013年，在一份解密後的美國中央情報局的報告中，承認了51區的存在，稱51區只是一個隱蔽的研究場所，且報告中許多地方被塗黑，並沒有與外星人相關的資訊，但仍有很

---

[13] 國際中心，揭露真相？51區「外星人訪談」影片爆光，**蘋果日報**，106年8月11日，http://www.appledaily.com.tw/realtimenews/article/new/20170811/1179928/。

[14] 國際中心，揭露真相？51區「外星人訪談」影片爆光，同前註。

[15] 國際中心，揭露真相？51區「外星人訪談」影片爆光，同前註。

多人都對美國神秘51區有所耳聞，並且常常將它和外星飛船聯繫在一起。[16]即便是今天，我們仍然對這裡究竟是不是有外星人一無所知，但隨著大量有關檔案的解密，以及保密期限的到期，當年在51區工作的老兵們開始向我們講述一些不為人知的秘密，其中包括一些他們當年如何巧妙的利用一些簡陋卻令人驚訝的手段騙過蘇聯偵察衛星的故事。[17]

根據英國《每日郵報》報導在2011年4月的報導，美國聯邦調查局（Federal Bureau of Investigation，簡稱FBI）近來在網站公開陳年機密檔，其中一份1950年備忘錄指稱，有空軍調查員披露曾在新墨西哥州尋獲3具「飛碟」，上面載有僅90公分高的外星人；該文件是由華盛頓辦事處負責人赫特在1950年寫給局長，題為「飛碟」的官方備忘錄。[18]不過，此則被英國小報帶頭熱炒外星人曾造訪地球的「新聞」，經過美國資深科學記者殷斯帕（Jesse Emspak）深入調查後發現，其實這是冷飯熱炒的烏龍事件，相信確有其事者都被一個近60年前的騙局愚弄了。[19]由此可知，有許多人們認為真實的事件，最後可能是烏龍一場，因此對於任何一項新聞報導、新發現或者專家的意見，都要再三檢視其內容的真實性，才不致陷入烏龍之中。

---

[16] 於慶璿，揭秘美國最神秘的51區、前工作人員這樣說……，**中時電子報**，105年5月6日，http://hottopic.chinatimes.com/20160506006263-260809。

[17] 於慶璿，揭秘美國最神秘的51區、前工作人員這樣說……，同前註。

[18] 於慶璿，揭秘美國最神秘的51區、前工作人員這樣說……，同前註。

[19] 中時電子報，FBI幽浮檔案解密？一場烏龍啦，100年4月11日，https://www.youtube.com/watch?v=-RuOts6bqEU。

　　尤其是在現代科技無所不在的條件下，各種攝影的合成技術，就使人們很難相信看到的就是真的。就以不明飛行物體（UFO）造訪地球的目擊報導，每年多不勝數，但每次拍到的影片、照片，黑漆漆的天空，就那幾個小亮點飄浮，實在令人難以相信是真的UFO。[20]即使是日前美國德州發現的UFO目擊事件，根據英國《國際財經時報》（International Business Times）報導，這是迄今UFO集體目擊最「清楚」但又「模糊」的事件了！美國德州休士頓許多民眾紛紛目擊，漆黑的天空中有一架疑似UFO的詭異飛行物；而其中一位YouTube用戶Andrew Peña目擊到這架不明飛行物，在閃電的夜空中，一架發亮的圓形物體盤旋，外觀非常清晰，讓他直呼超瘋狂！[21]

　　對此，休士頓自然科學博物館天文學（Houston Museum of Natural Science）副館長桑諾斯博士（Dr. Carolyn Sumners）表示，如果稱作是外星人來訪是很容易的事，但從不同角度看，越能瞭解它到底是什麼、該如何解釋，但回溯歷史，總有些東西我們人類永遠無法解釋，才讓人如此熱衷、狂熱。[22]桑諾斯說得好，人們無法解釋所看到的究竟是什麼，因此在不確定它是什麼之前，還是最好持保留的態度，以免離事實的真相愈來愈遠。總而言之，就現有人類所

---

[20]　吳毓敏，史上最清晰的UFO目擊，專家：無解，**中時電子報**，103年8月20日，http://www.chinatimes.com/realtimenews/20140820004490-260408

[21]　吳毓敏，史上最清晰的UFO目擊，專家：無解，同前註。

[22]　吳毓敏，史上最清晰的UFO目擊，專家：無解，同前註。

能掌握的資訊而言，仍然很難對外星人存在與否驟下定論，不過這不妨害此一議題持續受到人們的關注，相關的資訊也會繼續被披露，只是需要人們對之要再三檢視，才不致陷入迷失當中。

第七章

世界末日近了嗎？

　　既然外星人因為原本的星球不適居住，所以在移居地球前要派先遣人員前來一探究竟地球，甚至向地球發出求救的信號，接下來值得思考的問題是地球會否也有末日的一天呢？若有，又是什麼樣的狀況？能否避免？所以第七章勢必要接著討論世界末日的問題？

第一節　認為世界末日近了的說法

　　2012年是近幾年以來傳聞世界末日最近的時間，主要是散播者指出馬雅曆法結束於2012年12月21日，之後未有新曆，表示這天將有大事件，嚴重到毀滅世界。[1]由於受到馬雅曆法末日將近的影響，商業嗅覺敏銳的好萊塢影劇業者在2009年就以2012年為題拍攝世界末日的災難片。如今再回過頭看2012年，現實世界的情況未如電影所描述的發生，然而

---

[1]　莊蕙嘉，12月21日末日預言「馬雅曆沒提」，蘋果日報，2012年9月30，http://www.appledaily.com.tw/appledaily/article/international/20120930/34542765/

這不代表世界末日說法就此消失。

在網路世界中曾有人為文推薦10部必看世界末日的電影，分別為

10、1998年世界末日（Armageddon）、

09、2004年的明天過後（The Day After Tomorrow）、

08、2002年的28天毀滅倒數（28 Days Later）、

07、1995年的未來總動員（Twelve Monkeys）、

06、2013年的末日之戰（World War Z）、

05、2014年的星際效應（Interstellar）、

04、2011年的歷劫重生（Take Shelter）、

03、2007年的我是傳奇（I Am Legend）、

02、1996年ID4：星際終結者（Independence Day）、

01、2006年的人類之子（Children Of Men）[2]

從上述被推薦電影拍攝年份，最早是1995年，最晚是跨越2012年馬雅曆法末日預言的2014年，由此可見世界末日的議題不是因為馬雅曆法的關係，而是人類社會經常會關心的議題。國家地理頻道曾製作「世界末日會是怎麼樣的呢？」的影片，造訪了22個國家，詢問了路人們一個重要的問題，即「這世界會以怎麼樣的方式滅亡？」。[3]其中除了少數人不認為會有世界末日的來臨，大部分的人被問到此問題時，

---

[2] 痞客邦，10部你應該看過的末日電影，http://hiroking.pixnet.net/blog/post/218958589

[3] 國家地理頻道，世界末日會是怎麼樣的呢，https://www.youtube.com/watch?v=xSrXvj43kw0

都認為屆時地會崩裂、到處有火在燒，有如電影2012的場景。[4]不過，也有人持宗教的理由上帝與耶穌的再來，也就是世界末日的來臨。[5]另外也有人提及人類屆時會自相殘殺或自相傷害。[6]

同樣是國家地理頻道製作「末日滅絕的十大災難」的影片[7]，是以天文物理學家的研究預測為主，而非針對路人的隨機訪問。該十大災難從機率發生機率從低到高的順序分別為：瓦解的恆星、致命撞擊、超級火山爆發、惡意的外星人、自然流行病、危險的物理實驗、氣候巨災、末日戰爭、超級智慧機器、合成生物學。其中很明顯可以看出，前五項導致世界末日發生的原因，都是受到自然環境變化的影響，人類很難做什麼改變。至於後五項原因，除了第四項氣候巨變仍有爭議外，其餘的都與人類本身的行為有關。

人類希望透過物理實驗來發展能源，想要用核子武器保護自己，卻可能引爆末日戰爭；發明人工智慧機器想要幫助人類工作更有效率或降低危險性，卻可能被人工機器控制而造成毀滅性的後果；合成生物學則是希望藉生物合成，創造更多對人類有益的生物，卻可能引發感染危機。這就說明若世界末日真的發生，恐怕人類自己造成的機率比較高，這是人類自己本身要注意的。

4　國家地理頻道，世界末日會是怎麼樣的呢，同前註。
5　國家地理頻道，世界末日會是怎麼樣的呢，同前註。
6　國家地理頻道，世界末日會是怎麼樣的呢，同前註。
7　國家地理頻道，末日滅絕的十大災難」，https://www.youtube.com/watch?v=au0iuP8UYxw

　　2019年底開始肆虐全球的新冠肺炎（Covid-19）疫情，是上述所說的第五項自然流行病，的確帶有世界末日的感覺。該疫情先是從中國大陸武漢地區爆發，隨著全球化各地往來的便利，先從亞洲及歐洲造成大量人數的感染，繼而傳至北美與南美，甚至連非洲也不能倖免於難。由於這是種新型的傳染疾病，既沒有現成的治療藥物，也沒有疫苗，使得各國只能封鎖邊界或封城以杜絕新冠肺炎蔓延。看到曾經熱鬧的街道不再有人來人往的人群，像極了末日的景象。誰又敢說末日離我們很遠？

　　實際上影響西方文化與人們生活甚巨的聖經，也針對末日有深刻的描述，這或許也是西方世界人們對於末日來臨特別有感的原因。聖經啟示錄關於末日的描述，其中有不少難懂的徵兆；如基督徒作家克來倫斯・海恩斯（Clarence L. Haynes Jr.）曾提及一個末日事件：啟示錄8章1到2節的「七支號」。[8]第一支號角代表世界的毀壞；第二支號角針對海中的活物而來；第三支號角破壞供應生命的眾水；第四支號角擊打天空，影響日月星宿；第五支號角讓世界陷入無底坑的黑暗；第六支號角殺死世上三分之一的人類；第七支號角吹響上帝得勝的國度。[9]

　　誠如克來倫斯・海恩斯所述，啟示錄中的第一支至第六

8　莊堯亭，瞭解啟示錄的末日徵兆！終將吹響的七支號代表什麼意義？，**基督教今日報**，2020年8月18日，https://cdn-news.org/news/23136。

9　莊堯亭，瞭解啟示錄的末日徵兆！終將吹響的七支號代表什麼意義？，同前註。

支號吹響的時候，代表末日來臨時人類會面臨可怕的景象，包括世界毀壞、海中生物滅絕、水資源的缺乏、日月星辰易位、天空將暗無天日，更遑論人類將有三分之一會被滅絕。即使倖存的那三分之二的人類，面臨上述不再適合人類生存的環境，恐怕距離被毀的日子亦不遠，這或許是有部分人士想在末日來臨前就先行離開的原因。只是他們為何只注意到前六支號的可怕景象，卻未注意到第七支號吹響時上帝得勝的景象。上帝得勝不就代表天堂在人間嗎？既然天堂已在人間，又何必急著離開這世界去找天堂呢？

第二節　駁斥世界末日臨近的論述

當然我們若從今日看2012年馬雅曆法的末日預言，可以輕易得出末日預言是不正確的。然而在2012年之前，相信地球上還是有許多人認為那一年末日真的會來，否則商業嗅覺敏銳的好萊塢影劇業者不會有機會炒作，即使炒作也應該沒有人響應。因此瞭解究竟馬雅曆法有無提及末日來臨的時間，還是後人錯誤解讀解末日來臨的時間，就十分必要！

誠如前述，2012年12月21日之所以被視為末日，係因之後未有新曆所致。傳播者聲稱，當天太陽表面將發生史無前例的大風暴，地球受嚴重干擾，磁場將完全錯亂。[10]這樣的說法，就如同前述國家地理頻道製作「末日滅絕的十大災

---

[10]　莊蕙嘉，12月21日末日預言「馬雅曆沒提」，同前註。

難」中的第一項「瓦解的恆星」。第一項代表最有可能發生，兩者的論述內容相似應該不是巧合，而是有相同或類似的資料來源。只有單一來源，自然就缺乏相互參照的效果，可信度自然會令人質疑！

實際上考古學家、人類學家等專家曾齊聚墨西哥開會，澄清馬雅曆沒有「世界末日」這回事；他們認為馬雅文明確有預言習慣，但多是旱災或疾病之類的災害，從未預言世界末日。[11]美國加州大學聖地牙哥分校人類學教授布拉斯威爾表示：「許多馬雅遺址皆顯示，他們曾談論比現在更久以後的未來之事；西元300至900年間的馬雅文明全盛期，留下的占星、寫作等內容，也顯示他們思考過比2012年12月21日更長遠的未來」。[12]不論是沒提末日預言，或者是布拉斯威爾所說的馬雅文明關心更久遠的未來，都代表聲稱2012年是末日年，是種錯誤解讀。

然而已經被錯誤解讀的馬雅曆法並未因此就結束。有好事者依然對於馬雅曆法可能預言的世界末日念念不忘。根據媒體報導，有網友社群網路上宣稱，現在使用馬雅曆法是屬格裡曆，是從1582年開始使用，而在之前使用的是儒略曆。因儒略曆和格裡曆一年有11天的誤差，經過438年累積的誤差，儒略曆的2012年12月21日，相當於格裡曆的2020年6月21日，因此按照新的曆法這才是末日的正確日期。[13]有鑑於

---

[11] 莊蕙嘉，12用21日末日預言「馬雅曆沒提」，同前註。
[12] 莊蕙嘉，12用21日末日預言「馬雅曆沒提」，同前註。
[13] 編輯部，世界末日又來臨？馬雅預言「修正版」指出……就是下周，**聯合新**

近期疫情嚴重、國際形勢緊張，很多網友都覺得「似乎很有道理」。[14]

姑且不論當時序超過2020年6月21日，該修正後的「末日預言」立即會破功，僅就諸多相關資訊顯示，就足證馬雅曆法「末日預言」的說法站不住腳。例如美國航空太空總署（NASA）早已否定過所謂馬雅的「末日預言」，且該預告時間也非首次延後，最早出現在2003年5月，預測失準後才又宣稱是2012年12月，也就是從此時開始「馬雅預言」才被外界注意到，代表此預言的可靠性不足。[15]更何況馬雅文化研究者mayaman也曾指出，馬雅的文明觀是循環的，並沒有所謂毀滅的概念，也沒有任何文獻記載馬雅人曾預言世界將會毀滅這件事。即使有那麼多的證據，證明「馬雅預言」不可靠，但是總有好事者要利用各種機會來穿鑿附會。

不幸的是，許多證據證明人類是無法準確預測末日究竟何時會來，但是仍有許多相信末日即將來臨的信徒，用自裁的方式來提前迎接末日的來臨。歷來大概有五起駭人聽聞的末日自裁事件。第五件是發生在2000年3月17日，主導者是「恢復上帝十誡運動」教會，該運動教會係成立於上世紀80年代的天主末日邪教。[16]事發當天，教徒們集聚教堂，組織慶祝儀式，吃了三頭烤牛，喝了大量軟飲料；隨

聞網，2020年6月16日，https://udn.com/news/story/6810/4638343。

[14] 編輯部，世界末日又來臨？馬雅預言「修正版」指出……就是下周，同前註。

[15] 編輯部，世界末日又來臨？馬雅預言「修正版」指出……就是下周，同前註。

[16] 愛琳，歷史上五次慘絕人寰的邪教集體自殺事件，凱風網，2018年8月3日，https://kknews.cc/news/n3r5agq.html。

後教堂被爆炸引起的火災吞噬，此次慘劇的最終死亡人數高達924人。[17]

第四件是發生在1997年3月19日的「天堂之門」集體自殺案。事發當天，共有39位教徒被發現死於美國聖地牙哥市迪馬村山坡上的別墅中，他們在死前都留下簡短的聲明表示，要去一個更好的地方。[18]據警方調查顯示，這些受害者顯然相信他們死後將前往藏身在波普彗星之後的宇宙飛船；[19]「天堂之門」網站雖然並不支援此種自殺方式，卻鼓吹自願離開是進入天國的道路。[20]有此種教導，教徒決定走上集體自殺之路，恐非偶然。

第三件是發生在1994年10月的「太陽聖殿教」集體自殺案。該教創立於1994年，宗旨是恢復聖殿騎士秩序，並以上世紀90年代中期世界末日來臨為基礎，總部設在瑞士的蘇黎世。[21]事發當天，在加拿大及瑞士共同53具「太陽聖殿教」的教徒屍體在教堂被發現；警方根據調查認定所有受害者或死於謀殺或死於自殺，該教最終死亡人數高達74人，包括數名兒童。[22]

第二件是發生在1993年4月19日的「大衛支教」集體

---

[17] 愛琳，歷史上五次慘絕人寰的邪教集體自殺事件，同前註。

[18] CNN, "Mass suicide involved sedatives, vodka and careful planning", *CNN.COM*, March 27, 1997, http://edition.cnn.com/US/9703/27/suicide/index.html

[19] Ibid.

[20] Ibid.

[21] 愛琳，歷史上五次慘絕人寰的邪教集體自殺事件，同前註。

[22] 愛琳，歷史上五次慘絕人寰的邪教集體自殺事件，同前註。

自殺案。大衛支教原為新教，其教義來源於基督復臨安息日教會，教主自稱是神授的預言家，被派來創立「大衛一族」。[23]事發當天，一些大衛支教教徒在大本營的主要建築上灑滿燃料，並至少在3處建築點火，證據顯示許多大衛教徒甚至無意逃生，最終導致83名大衛支教教徒喪生，包括20餘名兒童以及教主本人。（另有一說是76名教徒喪生，包括22名兒童）[24]

　　第一件則是發生1978年11月18日的人民聖殿事件。人民聖殿係由吉姆・瓊斯所創，先是在加州聚會，後搬遷至南美洲蓋亞那的瓊斯鎮。[25]瓊斯對所有信徒強調，美國正在建造黑人集中營，世界正在衰亡，核子戰爭很快就會爆發，所有人都會被屠殺；追隨未來理想世界的建設者吉姆・瓊斯，相信社會主義、拒絕那些「資本主義的豬」，才能夠在這場災難來臨之前獲得救贖。[26]因為美國瑞恩議員和美國駐蓋亞那的大使德威爾的介入調查，並造成死傷，最終導致908名教徒包括教主瓊斯選擇集體自殺。[27]

　　或許以前網路資訊沒有那麼發達，一般人要接觸到即

---

[23]　愛琳，歷史上五次慘絕人寰的邪教集體自殺事件，同前註。

[24]　愛琳，歷史上五次慘絕人寰的邪教集體自殺事件，同前註；佚名，美國政府為何圍剿邪教大衛教派，科技，https://itw01.com/MH38EVX.html。

[25]　香楠，「人民聖殿事件」逃不了的恐怖天國，瓊斯信徒集體殉教（下），**重大歷史懸疑案件調查辦公室**，2018年11月18日，https://ohsir.tw/3232/。

[26]　香楠，「人民聖殿事件」逃不了的恐怖天國，瓊斯信徒集體殉教（下），同前註。

[27]　香楠，「人民聖殿事件」逃不了的恐怖天國，瓊斯信徒集體殉教（下），同前註。

時資訊不是那麼容易。不過紙本的新聞多多少少都會報導相關事件，若想要瞭解末日來臨的真假應該還是有管道可取得相關資訊。然而有許多人可能是受到宗教教義的影響，以致對曾經失準的末日預測仍然深信不疑，這也說明人們在面對許多不熟悉領域的知識也好、教義也好，應該抱持著更審慎的態度相互參證，而不是相信權威人士。尤其是令人不解的是，既然末日來臨時全人類都會毀滅，試問提前集體自殺的目的又在哪裡呢？

　　同樣是聖經的記載，末日來臨也代表救世主耶穌再來的日子。啟示錄16:15提到：「看哪，我來像賊一樣」；啟示錄3:3：「若不儆醒，我必臨到你那裏，如同賊一樣，我幾時臨到，你也絕不能知道」。[28]既然耶穌再來的日子如賊一樣，人們無法預知，又何必煩惱，事先離開就更沒必要，因為所有人類關於末日的預測都會失準。聖經彼得後書3:10-11：「但主的日子要像賊來到一樣。那日，天必大有響聲廢去，有形質的都要被烈火銷化，地和其上的物都要燒盡了。這一切既然都要如此銷化，你們為人該當怎樣聖潔，怎樣敬虔。」[29]說明關注何時末日來臨的意義不大，如何聖潔與敬虔過日子，恐怕才是應有的生活態度。

[28] 心潔，「主像賊一樣來」的預言是這麼應驗的，**中文聖經網**，2020年4月14日，https://www.expectthim.com/Lord-comes-to-prophesy.html。
[29] 彼得，彼得後書，**現代標準合和本中文聖經**，2011年，https://cnbible.com/cuvmpt/2_peter/3.htm

全球正在暖化當中

　　提及世界末日，恐怕就無法不聚焦地球暖化的議題，因為該議題是當代科學家視為是導致世界末日的重要原因之一。因此第八章與第九章則側重討論地球暖化與否的問題，如此安排是因為此議題是全球矚目的議題，所以要分兩章討論；第八章主要呈現地球正在暖化的觀點，第九章則突顯有部分科學家認為地球暖化是假議題，是受到特定意識形態的影響，他們爭執的焦點在哪裡？

第一節　全球暖化的證據

　　關乎地球未來發展的全球暖化議題，導演戴維斯古根漢（Philip Davis Guggenheim）2006年執導的紀錄片「不願面對的真相」（An inconvenience truth），記錄一個人以無比的熱誠、深具啟發性的談話，以及堅定不移的決心，大膽戳破關於全球暖化的迷思和誤解，並激勵每個人採取行動阻止

情況惡化。[1]這個人就是美國前任副總統高爾（Al Gore），他在該紀錄片中表示：我們坐在一枚定時炸彈上面，如果全世界大多數的科學家是正確的，人類只有10年的時間避免一場大災難；災難足以讓地球的氣候系統一片大亂，造成嚴重的氣候遽變，包括極端的氣候變化、水災、旱災、流行性傳染病大量散播以及致命熱浪，災情之嚴重是我們從來沒有經歷過的，而且完全是我們自己造成的。[2]

2009年10月17日，印度洋島國馬爾地夫首次在水下約6米召開內閣會議，由總統納希德（Mohamed Nasheed）親自主持，十四名內閣部長參加。會議的目的是引起國際社會關注，提醒人們全球氣候變暖對島國造成的影響。[3]看似地球暖化問題已迫在眉睫，不得不處理，因為若是不能立即採取有效方式來防止地球暖化或氣候極端化的情形發生，馬爾地夫這個島國可能在地球上消失。當然地球暖化的議題，不是只有國際社會關注而已，台灣本身對此議題也頗為關注。

由知名主持人陳文茜與廣告人孫大偉共同監製的「正負2度C」，自2009年莫拉克風災後籌款拍攝，歷經5個月時間完成；這是台灣首部敘述地球暖化、氣候變遷的紀錄片，讓一般的民眾瞭解台灣氣候的真相，並傳達「台灣必須自救」

[1] 龍華科大，不願面對的真相，人權教育諮詢暨資源中心，2011年7月30，https://hre.pro.edu.tw/online_intro/146。
[2] 龍華科大，不願面對的真相，同前註。
[3] 張沛元，馬爾地夫內閣 海底簽求救檔，自由時報電子報，2009年10月18日，https://news.ltn.com.tw/news/world/paper/343857。

的訊息。[4]紀錄片提到：全球平均氣溫上升1度，台灣雨量將增加1倍；全球海平面上升6公尺，台灣嘉義東石、屏東林邊以及雲林麥寮都將沉入海底；水庫不但無法負荷極端的雨量，類似莫拉克的強烈颱風，未來不只一個；大氣中的二氧化碳濃度，已從1800年工業革命280ppm，升到2011年的390ppm（百萬分之一），地球的溫度也上升了0.72度。[5]

對於地球在暖化，但不一定一年比一年熱，而是較長時間的紀錄，紀錄片解釋到：地球在暖化，將2000年代與1990年代及1980年代比較，會發現每個10年比上一個10年更溫暖，冰的覆蓋面積、植被、雲層，以及大氣層中的沙塵，讓某些地方變熱，某些地方更冷。國內外都有同樣的警告，一時之間彷彿再不採取行動，就會後悔莫及。[6]

交通部中央氣象局指出：「全球暖化的證據來自多項複雜而獨立的氣候指標，包括全球平均氣溫上升、全球海洋變暖、全球平均海平面上升、全球多處冰河與冰山面積縮減、全球大氣水氣含量的增加等等，這些指標的來源是對氣候系統的許多要素廣泛測量的結果，其中以溫度的觀測資料最長最密也最準」。[7]中央氣象局進一步用五項指標來論證，從

[4]　邱珮瑜，±2℃氣候災難 陳文茜：台灣要自救，聯合晚報，2010年2月22日，轉引自http://blog.ilc.edu.tw/blog/index.php?op=printView&articleId=91734&blogId=315

[5]　陳文茜，《±2℃》正負2度C-全球暖化台灣版紀錄片，2011年5月12日，https://www.youtube.com/watch?v=MBaAtU1E2cI。

[6]　陳文茜，《±2℃》正負2度C-全球暖化台灣版紀錄片，同前註。

[7]　中央氣象局，全球暖化的證據，https://www.cwb.gov.tw/V8/C/C/Change/change_2.html。

19世紀後期起全球已經開始變暖全球暖化確實存在。五項指標分別為全球平均氣溫上升、全球海洋變暖、全球平均海平面上升、全球多處冰河與冰山面積縮減、全球大氣水氣含量的增加。

　　不只中央氣象局，根據科技部建立「新版氣候變遷推估資訊平臺」推估，台灣過去百年的溫度變化，以臺北站為例，近百年來上升1.4度，比全球氣溫上升0.74度約高出1倍，如果台灣再不做任何減碳措施，最快2081年，台灣北部最惡劣的情況，可能不是全球暖化正負2度C，而是氣溫上升5度C。[8]多麼令人感到可怕的數字，不僅如此，國家災防中心副主任林李耀指出，2081至2100年台灣氣溫將逐年增加，其中北部增溫狀況又比南部嚴重，除了受全球溫室氣體增加、都市熱島效應影響，北部受限地形及大氣環流改變，所以未來北部會比南部熱！北部年均溫將比現在高出5度，南部年均溫比現在高出4度，人類再不減碳，世紀末夏季高溫恐怕飆破40度。[9]除了氣溫變化，台灣未來的雨量改變，到了2081年世紀末，平臺模式推估，全台春季降雨將少5至15%，夏季降雨量將增加10至30%，變成豐水期水多，枯水期水少；亦即春天雨越來越少，夏天雨越來越多，乾季缺水可能變成常態。[10]

---

[8]　湯雅雯，世紀末北台灣氣溫恐上升5度，**中國時報**，2016年6月15日，https://www.chinatimes.com/newspapers/20150625000482-260114?chdtv。

[9]　湯雅雯，世紀末北台灣氣溫恐上升5度，同前註。

[10]　湯雅雯，世紀末北台灣氣溫恐上升5度，同前註。

第二節　明天過後場景的實現

　　看過電影《明天過後》（The Day After Tomorrow）的
觀眾，應該會對該電影在全球氣候暖化下導致地球面臨大冰
河的急凍場面感到震撼。氣候學家傑克霍爾觀察史前氣候研
究指出，溫室效應帶來的全球暖化將會引發地球空前災難。
傑克博士曾警告政府官員採取預防行動，但警告顯然已經太
晚。當羅德島大小的冰山撞上南極洲冰棚後，全球氣候引發
連鎖效應：冰雹重襲東京，空前颱風襲捲夏威夷，印度罕見
飄雪，洛杉磯更颳起史無前例的龍捲風。傑克研究中的災變
症候逐一顯現：南北極冰帽的融解將大量淡水注入海洋。在
一場全球性超級暴風雨來臨後，地球將步入一萬年前的冰河
世紀。[11]

　　不知是否受到這部2004年上演之電影的影響，自1997年
第三次「聯合國氣候變化綱要公約（UNFCCC）」締約國大
會即通過的《京都議定書》，直至2005年俄羅斯同意後，才
達到55個並占全球排放量55%以上締約國簽署同意的門檻而
生效。[12]該議定書主要規範減量目標為以1990年排放量作為
基礎，2008年至2012年間，針對二氧化碳等6種溫室氣體，

---

[11] 老謝，明天過後世界全面冰封，你會在哪裡？，https://allmymemory.pixnet.
net/blog/post/53081992

[12] 陳昱安，從巴黎協議看全球氣候變遷議題走向，https://www.coa.gov.tw/
ws.php?id=2504327&print=Y

主要排放國家（多為已開發國家）須各自達成減少5%以上排放水準。[13]

　　然而，各國達成減碳目標並不順利。首先，自2001年美國總統小布希即拒絕批准《京都議定書》，導致《議定書》的效力矇上了一層陰影；其次，《議定書》中具法律強制性（legal-binding）的責任，也讓各國在「減碳」與「經濟發展」之間難以取捨。[14]因此，2008-2012年的「第一減碳承諾期」中，僅有28個國家提出減碳承諾。在大多數碳排大國都未能提出承諾的情況下，「第一減碳承諾期」只涵蓋了全球18%的溫室氣體排放。[15]顯然未達成預期的目標。

　　在各國未能達到共識，且美、中兩大碳排國不斷抵制下，《京都議定書》似乎很難再繼續走下去。2011年，加拿大率先退出京都議定書，日本、紐西蘭、俄羅斯也不願在「第二承諾期」提出進一步的計畫；儘管締約國在2012年通過《杜哈修正案（Doha Admentment）》，延續了「第一減碳承諾期」的目標至2020年，卻也讓各國意識到《京都議定書》的談判架構走到了盡頭。[16]既然《京都議定書》已經走

---

[13] 陳昱安，從巴黎協議看全球氣候變遷議題走向，同前註。

[14] 台灣青年氣候聯盟，COP大事件──《京都議定書》與《巴黎協定》，2018年11月2日，http://twycc.org.tw/cop%E5%A4%A7%E4%BA%8B%E4%BB%B6%EF%BC%8D%E3%80%8A%E4%BA%AC%E9%83%BD%E8%AD%B0%E5%AE%9A%E6%9B%B8%E3%80%8B%E8%88%87%E3%80%8A%E5%B7%B4%E9%BB%8E%E5%8D%94%E5%AE%9A%E3%80%8B/

[15] 台灣青年氣候聯盟，COP大事件──《京都議定書》與《巴黎協定》，同前註。

[16] 台灣青年氣候聯盟，COP大事件──《京都議定書》與《巴黎協定》，同前註；陳昱安，從巴黎協議看全球氣候變遷議題走向」同前註。

不下去，在全球氣候變遷對地球生態衝擊未減的情況下，勢必要有新的檔來接續任務，這也是《巴黎協定》會出現的原因。

2015年11月30日起於法國巴黎舉辦的第21屆締約國會議，最終達成《巴黎協定》（Paris Agreement），被視為承接2020年京都議定書失效後，下一世代具約束力的國際溫室氣體減量協定，其生效門檻與京都議定書相同，為55個且總和占全球55%溫室氣體排放量以上締約國同意，始生效力。[17]其中值得注意的是，中國大陸、美國等兩個溫室氣體排放大國在會議過程中持正面態度並積極參與談判，不再迴避，另加上歐盟與俄羅斯等，初估加總排放量已占全球排放量的58%，顯示通過生效門檻難度較低，意味著希望《巴黎協定》能盡早通過實施已是全球共識。[18]

在法國外交部長宣佈下，《巴黎協定》在2015年12月12日獲得近200個國家一致通過，成為繼京都議定書之後，具有法律約束力的全球溫室氣體減量新協議。[19]誠如每年都前往氣候變遷締約國會議就近觀察林子倫教授表示：這次最大的成就是減量目標與財務機制方面，都有很大的進展，而法律形式的安排也顧及到美國的現實。[20]若非全球氣候變遷愈

[17] 陳昱安，從巴黎協議看全球氣候變遷議題走向，同前註。
[18] 陳昱安，從巴黎協議看全球氣候變遷議題走向，同前註。
[19] 彭瑞祥，「COP21連線」巴黎氣候協議正式通過、學者：對台灣深具意義，2015年12月13日，https://e-info.org.tw/node/112097
[20] 彭瑞祥，「COP21連線」巴黎氣候協議正式通過、學者：對台灣深具意義，同前註。

來愈劇烈，世界各國要順利通過《巴黎協定》，並不容易。既然通過了，就說明世界各國意識到全球氣候變遷的問題日益嚴重，若不捐棄成見達成共識，未來可能沒有機會再回過頭來處理此一棘手的問題。

有位瑞典少女格雷塔・通貝里（Greta Thunberg）於2018年12月在第24屆聯合國氣候變遷大會上發表演說，批評參會者們「你們還不夠成熟，不能像這樣說出來；你們把這個負擔留給了我們孩子，但我不在乎是否受歡迎。我關心的是『氣候正義』和我們所居住的星球」、「你曾說你愛自己的孩子生活一切，但卻在孩子們的眼前偷走了他們的未來」。[21]不得不說這樣的指控非常嚴重，若非全球氣候變遷狀況日益嚴重，又豈會讓一位小女生擁有在聯合國氣候變遷大會上發言的空間。

不僅如此，格雷塔・通貝里在2019年10月聯合國氣候變遷大會開會前，特別從歐洲坐帆船前往聯合國所在地美國紐約，來宣誓減碳的決心。[22]她在大會上發表演說指稱：「這一切都是錯誤。我不應該在這裡，我本應該在大洋彼岸上學。而你們都來向我尋求希望？你們怎敢！你們用空談偷走了我的夢想和童年。而我還算幸運的，有人正在受苦、死去，整個生態系統正在崩解！我們正在一場大規模滅絕的開

---

[21]　崔天也，15歲瑞典少女批評氣候大會參會者：你們還不夠成熟，2018年12月18日，https://kknews.cc/world/4n6oan2.html。

[22]　沈林，被普京批評的16歲環保少女，她的背後竟然是……，**新民周報**，2019年10月5日 https://kknews.cc/zh-tw/world/8g942vq.html。

端。你們卻只會談錢，談論經濟永遠增長的神話。你們怎敢！」[23]再次說明全球氣候變遷嚴重程度，已經到了必須馬上採取行動的時刻，否則將面臨後悔莫及的境地。既然全球氣候變遷如此嚴重，世界各國理應採取積極行動來處理，可是事實為何卻不是如此呢

---

[23]　沈林，被普京批評的16歲環保少女，她的背後竟然是⋯⋯，同前註。

第九章

全球暖化是假議題

第一節　全球暖化證據不足

　　2007年英國電視第4頻道（Channel 4）播出了自製的紀錄片「全球暖化大騙局」（The Great Global Warming Swindle），片中邀請許多專家學者背書，提出暖化現象是因為太陽黑子活動及地球接收到的輻射線強弱變化所造成的。[1]紀錄片認為人為活動造成全球暖化的說法是：為推動核能及反媒、反石油的政治考量；新馬克思主義利用環保議題反對資本主義也趕上了這波浪潮，公開批判工業化造成的二氧化碳促成暖化效應；科學家及記者為了爭取經費成了推波助瀾的幫兇。實際上紀錄片指出，地球氣候是一個動態系統，已運作40幾億年，在沒有人類年代，冷暖氣候不斷交替，變化幅度甚至更大。[2]

---

[1]　Martin Durkin, "The Great Global Warming Swindle", March 8, 2007, https://www.youtube.com/watch?v=fd-0xIJAsi4

[2]　Ibid.

　　由於紀錄片與全球氣候變遷正在加劇的主流觀點相背，因此引發不少批評。紀錄片中受訪的麻省理工學院（MIT）海洋學家文森（Carl Wunsch）甚至發表聲明表示，他被第4頻道聯絡他的工作人員誆騙，以為會是個公平的報導才答應接受訪問，但他發表的評論卻在剪接後被扭曲原意。[3]2012年「日內瓦全球科學家聯盟」主席安東尼奧·齊基基（Antonio Zichichi）與15名科學家共同在「華爾街日報」發表聲明，認為「美國物理學會」（American Physical Society）等單位誇大暖化程度，地球已有十多年沒有變暖趨勢，把暖化原因歸咎於二氧化碳是錯誤的。[4]

　　正負2度C氣候影片錯誤，也影響地球正在暖化的公信力。台灣大學大氣系教授、環保聯盟前會長徐光蓉就指出，第一個謬誤地表氣溫上升是事實，但只有「正」，沒有「負」的問題；第二個錯誤是該片顧問Stephen Schneider，為聯合國跨政府氣候變遷小組（IPCC）三個工作小組中第二小組主要撰寫人，並非工作小組召集人；第三個錯誤是提及「台灣人口密度世界第二高」，但實際上臺灣排名應該是全球十二名；第四個錯誤是提及「台灣土地侵蝕率每年二％」，此說根本沒有根據；第五個錯誤是影片中提到「北

---

[3]　陳維婷，英第4頻道紀錄片引起爭議全球暖化是大騙局？，2007年3月21日，https://e-info.org.tw/node/20722

[4]　Antonio Zichichi, "No Need to Panic About Global Warming", **WSJ**, January 27, 2012, https://www.wsj.com/articles/SB100014240529702043014045771715318384221366

極」冰融，應是南極。[5]另外徐光蓉提到，目前科學界無法正確估計降雨與溫度之間關係，影片中「台灣氣溫上升攝氏一度，降雨增加百分之百」說法，過於武斷。[6]

　　不僅如此，廖桂賢在題為「只有現象沒有真相的『正負兩度C』、陳文茜，妳可以發揮更好的影響力！」的文章中，也提及對該紀錄片感到失望。[7]原因是「『正負兩度C』沒能傳達出真正重要的訊息：促成暖化的根源、以及台灣應該採取的行動！」，也就是該紀錄片的「感性訴求遠高於真相的探討」。[8]

　　廖桂賢認為「台灣人應該知道的真相是：是誰直接或間接排放二氧化碳（和其他溫室氣體）？為什麼這些人要排放二氧化碳？既然早已知道氣候變遷是人為排放二氧化碳造成，那又為什麼現在無法顯著減低排放量？困難的關鍵點在哪裡？是技術問題、大環境問題、還是價值觀問題？」[9]在上述諸多問題中，最關鍵的問題莫過於價值觀的問題，畢竟價值觀不改，要減排二氧化碳並不容易。這也就是為何廖桂賢會表示：「一個崇尚「好還要更好、多還要更多」，好

---

[5]　劉力仁、陳珮伶，正負2度C 環盟：錯誤多觀點也有問題，**自由時報**，2010年3月3日，https://news.ltn.com.tw/news/life/paper/376724

[6]　劉力仁、陳珮伶，正負2度C 環盟：錯誤多觀點也有問題，同前註。

[7]　廖桂賢，只有現象沒有真相的「正負兩度C」、陳文茜，妳可以發揮更好的影響力！，2010年02月27日，https://e-info.org.tw/node/52204。

[8]　廖桂賢，只有現象沒有真相的「正負兩度C」、陳文茜，妳可以發揮更好的影響力！，同前註。

[9]　廖桂賢，只有現象沒有真相的「正負兩度C」、陳文茜，妳可以發揮更好的影響力！，同前註。

爭一輸贏、短視近利的社會，是台灣讓自己沈淪於氣候變遷洪流中的主因！」[10]

廖桂賢另指出：「『一人一信』給總統要求『拯救地球、拯救台灣、拯救孩子，是覺得全片最令人哭笑不得的地方』」、「需要的是多管齊下的立即行動：每一個人從現在開始，認真檢討並設法減低日常生活對環境衝擊；每一個企業不但開始從營運模式中減少衝擊，更要檢討其產品或服務本身對環境的長遠後果；政府則應首先徹底調整產業結構，盡快淘汰高碳排放、高污染、高耗能、高耗水的產業，並且將國土規劃、農業發展、生態保育、社會福利等攸關永續發展的政策視為施政重點」。[11]

價值觀的改變是難度非常高的，畢竟它的形成非一朝一夕。因此除非出現重大事件影響人們的想法，否則要改變價值觀談何容易。更何況不論是政府、公司或個人，資源總是有其限度，通常會將資源投注在最需要迫切解決的問題上。全球暖化的議題的嚴重程度，顯然尚未迫在眉睫到政府、公司或個人，必須投注大部分的資源去處理它，不是嗎？否則豈會如此！

此外這還涉及全球暖化主張者所提出的說法，是否經得起考驗。就在「不願面對的真相」的紀錄片中，高爾曾疾

---

[10]　廖桂賢，只有現象沒有真相的「正負兩度C」、陳文茜，妳可以發揮更好的影響力！，同前註。

[11]　廖桂賢，只有現象沒有真相的「正負兩度C」、陳文茜，妳可以發揮更好的影響力！，同前註。

呼：「如果全世界大多數的科學家是正確的，人類只有10年的時間避免一場大災難」。然而自2006年紀錄片完成迄今，不僅超過當初所設定的10年，而且還多出了5年，那一場所謂的大災難並沒有發生，如此要如何讓人們相信地球暖化現象正如部分科學家所預測的呢？

科學之友則提出地球正在暖化的十大迷失，分別是

一、地球溫度正在以快速及前所未有的速度升高；

二、曲棍球桿形狀式的溫度變化，證明地球過去1000年曾經歷穩定且逐漸的氣溫下降，然後最近突然升高；

三、人類在過去100年所增加製造的二氧化碳，強化了溫室效應，導致過去100年的地球暖化。

四、二氧化碳是最普遍的溫室氣體；

五、電腦模型已證實二氧化碳增加會導致重大地球暖化；

六、聯合國跨政府氣候變遷小組已證明人類製造的二氧化碳，是造成大部分二十世紀全球暖化的主因；

七、二氧化碳是污染物；

八、全球暖化會造成更多暴風與氣候極端化；

九、冰河的退位與冰架分裂是全球暖化的證據；

十、地球的兩極正在暖化，兩極冰帽正在破裂與溶解，海平面也正在上升。[12]

由此可見，地球正在暖化，不是科學家的共識。這其中

---

[12] 科學之友，地球正在暖化的十大迷失，http://www.friendsofscience.org/index.php?id=3。

仍然有許多值得進一步探討的地方。否則要採取一致的行動來對付全球暖化並不容易，若是它已經成為對人類社會重大傷害的話！既然科學家對全球正在暖化仍有許多爭論空間，以致於各國政府不易根據科學家的意見形成對抗全球暖化的政策，至於對政府決策有影響力的民意呢？在此議題上是否有較一致的意見呢？

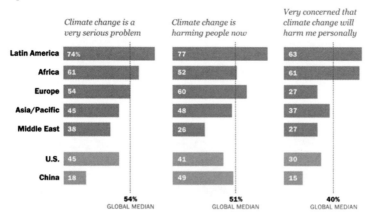

Latin America, Africa More Concerned about Climate Change Compared with Other Regions

Regional medians

	Climate change is a very serious problem	Climate change is harming people now	Very concerned that climate change will harm me personally
Latin America	74%	77	63
Africa	61	52	61
Europe	54	60	27
Asia/Pacific	45	48	37
Middle East	38	26	27
U.S.	45	41	30
China	18	49	15
	54% GLOBAL MEDIAN	51% GLOBAL MEDIAN	40% GLOBAL MEDIAN

Note: Russia and Ukraine not included in Europe median. Asia-Pacific median includes China.
Source: Spring 2015 Global Attitudes survey. Q32, Q41 & Q42.

PEW RESEARCH CENTER

圖一　跨國民眾對氣候變遷的態度

　　根據皮尤研究中心在2015年針對跨國民眾對氣候變遷的態度所作的民調顯示，拉丁美洲及非洲的民眾較認為氣候變遷是嚴重的問題，其次是歐洲，亞太及中東地區的民眾則認

為沒那麼嚴重。[13]尤其是全球第一大及第二大經濟體的美國及中國大陸的民眾，卻都不認為氣候變遷是嚴重的問題，且不認為氣候變遷正在傷害人類。全球最具有影響力之兩大國家的民眾，對於氣候變遷問題認為沒有處理的急迫性，試問世界各國政府要採取一致行動來對抗氣候變遷問題，談何容易？

第二節　鼓吹者反其道而行

　　全球暖化議題除了證據尚有不足以致未能形成一致行動之外，還有許多鼓吹對付全球暖化問題刻不容緩之人士，在實際生活中卻成為全球暖化的幫凶，試問如此要如何說服民眾全球正在暖化呢？2009年哥本哈根氣候變遷會議大會，吸引5千多名記者參加，110多位國家或者政府首腦，共計1萬5千名與會者，再加上4萬5千名綠色行動者。參與會議的旅行、工作與活動，製造多達4萬6千2百噸二氧化碳，相當於66萬衣索匹亞人一年的碳排放量。[14]

[13] Pew Research Center, "Latin America, Africa More Concerned about Climate Change Compared with Other Regions", Nov. 2, 2015, https://www.pewresearch. org/global/2015/11/05/global-concern-about-climate-change-broad-support-for-limiting-emissions/climate-change-report-29/

[14] David Derbyshire, "Copenhagen climate change summit to produce as much CO2 as an African country", *Daily Mail*, 8 December 2009, https://www.dailymail. co.uk/news/article-1233771/Climate-change-summit-produce-CO2-African-country.html; Sunanda Creagh, "Copenhagen summit carbon footprint biggest ever: report", *Reuters*, December 15, 2009, https://www.reuters.com/article/idUSTRE5BD4D020091214.

　　當然不是每次全球氣候變遷會議都會像哥本哈根會議一樣，有如此多的參與者，但是每次召開全球氣候變遷會議所需要之旅行、工作與活動，製造出來的二氧化碳排放量絕對不會少，偏偏這些會議是可以視訊會議來取代的，尤其是為了要減少碳排放量，更應想方設法減少旅行、工作與活動造成的碳排放量，否則就代表未蒙其利、先受其害，畢竟要在會議上達成減碳的共識並不容易。換言之，明明是為了減碳而旅行、工作與活動，實際的結果卻是反其道而行，不是很諷刺嗎？

　　偏偏主張要對付全球暖化最賣力的高爾，他的住宅2006年使用221,000度電，是一般美國家庭10,656度電的20倍；平均每月用電，從2005年的16,200度，升至2006年的18,400度。另外在能源費用方面，高爾平均每月電費為1,359美元；2006年的天然氣費用，平均每月為1,080美元。2006年，高爾花在支付電費與天然氣，總計約為3萬美元。[15]難怪媒體會用「高爾個人的能源使用是他自己不願面對的真相」（Al Gore's Personal Energy Use Is His Own "Inconvenient Truth"）作為報導主題。[16]

　　既然碳排增加導致全球暖化已經如高爾所說的那麼嚴重，且在10年內若不採取行動就無法阻止大災難發生，不過

---

[15] Editor, "Al Gore's Personal Energy Use Is His Own "Inconvenient Truth", Beacon: Center for Tennessee, February 25, 2007, https://www.beacontn.org/al-gores-personal-energy-use-is-his-own-inconvenient-truth/.

[16] Ibid.

高爾卻身體力行，難免會讓人懷疑全球暖化的真實性。對此，公佈高爾能源使用狀況的團體—田納西中心的總裁強生（Drew Johnson）表示，對於住在數百萬美元住宅內，花費3萬美元燈光與暖氣的能源花費完全沒有異議，但是卻對告訴我們該買何種燈泡、何種節能冰箱本身卻不節能的人有意見；那是虛偽，對能揭露這樣的訊息感到驕傲！[17]

從強生總裁對於高爾在能源使用上沒有節制的強烈批評觀察，可以看出呼籲必須採取行動來抑制全球暖化的倡議者，若本身未能在節能減碳上身體力行，無疑對於降低全球暖化行動是一大打擊。這樣的情況也不是只有發生在高爾身上。瑞典籍的環保小尖兵格雷塔・通貝裡，雖然為了宣導節能，選擇不搭飛機而是以風力為動力的帆船，前往紐約參加全球氣候變遷大會，但是實際上卻是反其道而行。

有媒體發現，在這場打著環保旗幟的活動中，帆船內不僅出現了塑膠礦泉水瓶，船隻還需要派一支團隊從歐洲乘飛機前往美國取回，其實際開支以及造成大約2千135斤的碳排放量，遠超格雷塔父女兩人直接搭機的成本。[18]更遑論格雷塔還必須搭火車至英格蘭的普利茅斯港（Plymouth）才能搭船出發至紐約，以及旅程中許多裝冷凍食品之一次性使用的

---

[17] Editor, "An inconvenient truth: eco-warrior Al Gore's bloated gas and electricity bills", *The Guardian*, Feb 28, 2007, https://www.theguardian.com/world/2007/feb/28/film.usa2.

[18] Julianne Geiger , "Greta Thunberg's Not-So-Little Carbon Footprint", *Oil Price. Com*, Oct 06, 2019, https://oilprice.com/The-Environment/Global-Warming/Greta-Thunbergs-Not-So-Little-Carbon-Footprint.html.

塑膠容器；據估計兩位船員再加上格雷塔父女，以及拍紀錄片人員，大約要食用200餐。[19]這樣真的有降低碳排量嗎？答案顯然是沒有，試問這不是反其道而行，是什麼？

　　另外，有媒體曝出了格雷塔言行不一的圖片，照片上的格雷塔坐在火車座位上，她面前擺放著的是一次性紙杯，一次性塑膠沙拉盒，一次性塑膠包裝袋，而且她還將吐司麵包的邊撕了下來而沒有食用。[20]儘管使用塑膠製品與增加碳排量不是有強烈的因果關係，但不使用環保材料來裝食物，難免會引發本身行為不環保的質疑。特別是強烈呼籲要透過節能減碳來改善地球暖化的嚴重性，亦是環保議題之一，兩相對照之下，也就難免會被批是在作秀！

　　面對這樣兩極化的預測我們究竟該做什麼努力？美國一位高中科學老師Greg Craven，在Youtube上傳名為「The Most Terrifying Video You'll Ever See」（你將看到驚駭的影片）的影片，用暖化訊息真假與採取行動與否之搭配的四種結果，告訴人們：無論我們相不相信暖化效應，寧願選擇積極行動對抗暖化永遠比坐以待斃來的好，就算最後發現沒有暖化而白做工，也不要等到真正發生損失慘重的災難才後悔莫及。[21]或許以這樣的觀點來應付全球暖化議題是種不錯的

---

[19]　Ibid.

[20]　艾利漫遊中，能用肉眼看到二氧化碳？瑞典環保少女被批作秀　滿桌全是塑膠垃圾，*ETtoday新聞雲*，https://www.ettoday.net/dalemon/post/47641#ixzz6hSdWLQ00

[21]　Greg Craven, "The Most Terrifying Video You'll Ever See", *Youtube*, June 8, 2007, https://www.youtube.com/watch?v=zORv8wwiadQ

選擇？只是當資源有限時，所有的資源都必須投入解決最重要的問題，若是氣候變遷不是那麼迫切，投入有限資源來處理，合適嗎？

第十章

吃素可以救地球嗎？

　　既然討論全球暖化議題，就很難避免吃素能否救地球的問題，畢竟我們只有一個地球，若是吃素能救地球，自然不該再多吃肉，可是實際的情況究竟如何呢？這是本章要討論的內容。

第一節　吃素可以救地球的證據

　　英國牛津大學和美國明尼蘇達大學一項飲食習慣的研究，50公克紅肉的溫室氣體排放量是100公克蔬菜的至少20倍，土地使用面積是蔬菜的100倍。[1]此外，美國約翰霍普金斯大學的研究顯示，一位吃了2300卡食物的美國人，如果把食物全部換成素食，一年可以減少30%的溫室氣體排放量。少喝牛奶與少吃起司，也有同樣效果，因為牛隻的溫室氣體排放量也是相當高的。[2]換言之，不論減少使用土地面

---

[1]　韋樹仁，吃素救地球是真的！一年少排30%溫室氣體，**天下雜誌**，687期，2019年12月2日，https://www.cw.com.tw/article/5097956?template=fashion

[2]　韋樹仁，吃素救地球是真的！一年少排30%溫室氣體，同前註。

各種飲食組合的溫室氣體排放量

（單位：公斤／每人每年）

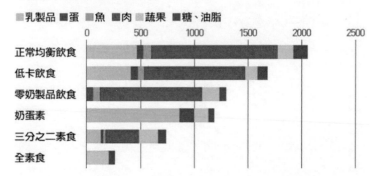

資料來源：牛津、明尼蘇達、約翰霍普金斯大學研究
註：全素意指完全不吃出自動物的食物，包括奶蛋類。三分之二素食意指一天只有一餐吃肉。奶蛋素是不吃肉，但吃奶蛋類。
表10-1　轉引自辜樹仁，「吃素救地球是真的！一年少排30%溫室氣體」

積或碳排放量，生產蔬菜都比肉品來得有利。表10-1很顯然可看出食用肉品及乳製品的碳排放量較高，蔬果則較低！

　　同樣地，聯合國環境規畫署（UNEP）在2018年8月公佈的一項研究指出，採用以植物為基礎的飲食可以將對地球的影響降低42%至84%；其他研究也發現，純素飲食的用水量比肉類飲食少五倍；牛津大學的研究人員更指出，若每個人都停止吃牛肉和純素食，全球土地使用量將下降75%；同一項研究表明，採用純素飲食是「減少對地球影響的最大方法。[3]

---

[3]　楊旻芳，吃素可以救地球？聯合國環境規畫署：是真的，**人間福報**，2020年3月17日，https://www.merit-times.com.tw/NewsPage.aspx?unid=579515。

聯合國環境規畫署（UNEP）另外表示，畜牧業所產生的溫室氣體足跡，跟每輛汽車、卡車、公車、輪船、飛機等加起來所產生的量相當，甚至更多，畜牧業更可能造成水資源缺乏、海平面上升等問題，在沒有大規模減少畜牧業規模的情況下，無法實現巴黎氣候目標的途徑。[4]聯合國環境規畫署在一份聲明中更強調：「我們將動物作為主要的食品生產，使我們陷入了災難的邊緣……吃肉是世界上最緊迫的問題。」[5]

不僅如此，關於畜牧業所產生的溫室氣體，美國自然資源保護協會（Natural Resources Defense Council, NRDC）公佈的報告指出「美國溫室氣體總排放量的10%~12%是來自畜牧業，光是改吃其他肉類就能對環境有很大影響，像是飼養雞肉需要用的土地面積即為飼養肉牛的20%，溫室氣體的排放量是10%，若跟稻米、馬鈴薯或小麥相比，牛肉需要的土地面積則高達50倍。[6]同份報告亦顯示，美國人因為健康以及其他因素，10年（2004-2015）來統計美國對牛肉的食用量降低了19%，而因此降低的碳排量約等同於3900萬的車輛碳排量。[7]

另外一份牛津大學的研究，是由未來食物項目的研究員馬可‧斯普林曼（Marco Springmann）所做，他和同事試圖

[4]　楊旻芳，吃素可以救地球？聯合國環境規畫署：是真的，同前註。

[5]　楊旻芳，吃素可以救地球？聯合國環境規畫署：是真的，同前註。

[6]　翁世航，吃素環保救地球？十大傷害環境食物排行，蘆筍榜上有名，**關鍵評論**，2017年3月31日，https://www.thenewslens.com/article/64918

[7]　翁世航，吃素環保救地球？十大傷害環境食物排行，蘆筍榜上有名，同前註。

量化素食的益處。他們建立了相關的計算機模型，可以預測出如果所有人在2050年前都變成了素食主義者，會發生什麼情況。結果顯示，由於人們不再食用紅肉，食物生產相關的排放量減少了約60%。如果全世界的人都變成了嚴格的素食主義者，溫室氣體排放量將減少70%。儘管他們的研究未明確指出素食主義者與嚴格素食主義者的差別，但是若能因為不吃肉而減少60%的碳排放量，應該很有助於達成氣候變遷的京都議定書及後來的巴黎協定的目標。各國也不需要因為開會必須搭乘各式各樣的交通工具，而增加碳排放量了。

提及環境議題，全球知名的環保組織的綠色和平勢必不能缺席。綠色和平組織在題為「7個理由告訴您：為什麼減少肉食對環境有益？」的文章中，列舉了加工肉品對人類和地球造成七大傷害，分別是：

一、森林砍伐和森林大火的元兇

二、助長氣候變遷

三、亞馬遜雨林的破壞已達臨界點

四、侵犯人權並掠奪土地

五、野生動物的殺手

六、增加未來流行病的風險

七、吃肉不符經濟效益：種植3.2公斤的農作物只能生產1公斤雞肉。[8]

---

[8] 綠色和平，7個理由告訴您：為什麼減少肉食對環境有益？，綠色和平，2020年9月21日，https://www.greenpeace.org/taiwan/update/20925/7%E5%80%8B%E7%90%86%E7%94%B1%E5%91%8A%E8%A8%B4%E6%82%A8%EF

　　在上述七項傷害中，除了四、五、六項外，都會對全球氣候變遷造成影響。若按照以上專家學者及的綠色和平組織的意見，當然吃素對於減少碳排放量，進而減緩因二氧化碳所導致的全球氣候變遷的劇烈程度，各國政府與民間社會應致力於推廣素食。不過，凡事都是一體兩面，本章內容要繼續探討的是銅板另一面的故事是什麼。

第二節　吃素對救地球沒影響

　　前述NRDC公佈的報告指出牛肉、羊肉、奶油、甲殼魚類、起司、蘆筍、豬肉、小牛肉、雞肉、火雞肉，是十大對環境傷害的食物，其中蘆筍為第六名，引發討論。[9]不是吃素會減少碳排量嗎？為何身為素菜的蘆筍，其碳排量甚至會超過豬肉、小牛肉、雞肉、火雞肉，這樣的結論不是讓主張吃素救地球的倡議者完全站不住腳嗎？原因是美國境內蘆筍消費，多產自祕魯，因收成後需要保持水份與新鮮度，多使用空運，運輸里程高、運輸工具排碳量高，因此在十大排碳量榜上有名。換言之，若考慮到從產地到餐桌上的碳排量，食用素菜的碳排放量，不見得比葷食來得少！

　　Weber and Matthews的研究更估計蔬果的運輸，佔了蔬

%BC%9A%E7%82%BA%E4%BB%80%E9%BA%BC%E6%B8%9B%E5%B0%91%E8%82%89%E9%A3%9F%E5%B0%8D%E7%92%B0%E5%A2%83%E6%9C%89%E7%9B%8A%EF%BC%9F/

[9]　翁世航，吃素環保救地球？十大傷害環境食物排行，蘆筍榜上有名，同前註。

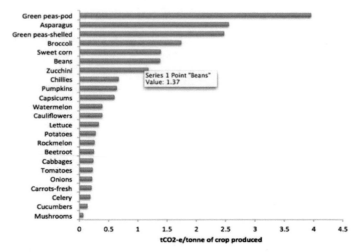

表10-2　各種蔬果生產的碳排放量
資料來源AHR, Greenhouse gas emissions by crop, https://www.vegetableclimate.com/climate-credentials/greenhouse-gas-emissions-by-crop/

果生產碳排放量的50%，相對而言，肉品的運輸佔肉品生產的碳排量不到10%。[10]「澳洲應用園藝研究」（AHR）曾將各種蔬果生產的碳排放量列表如表10-2，[11]說明不是所有的蔬果生產過程中的碳排量都一樣。因此如何種植低碳排放量的蔬果，以及減少蔬果到餐桌上的運輸里程，其重要性不亞於以素食代替葷食在減碳上的貢獻。

---

[10] Christopher L.Weber, Scott H. Matthews, "Food-miles and the Relative Climate Impacts of Food Choices in the US", *Environmental Science & Technology,* Vol 42, No. 10, 3508–3513.

[11] AHR, Greenhouse gas emissions by crop, https://www.vegetableclimate.com/climate-credentials/greenhouse-gas-emissions-by-crop/

另外綠色和平公佈的資訊顯示，生產過程的溫室氣體排放的比例如下：

第一名：畜牧業和漁業（31%）

第二名：農作物栽培業（27%）

第三名：土地利用（24%）

第四名：供應鏈（18%）將農產品加工轉化為最終產品後，包裝、運輸、和零售都需要能源和資源投入。[12]

其中農作物培業與畜牧業和漁業在碳排放量的差距僅有4%，幾乎相差無幾。若再加上土地利用與供應鏈，生產蔬果的碳排放量有可能超過葷食，畢竟畜牧業若不屬於放牧，在土地利用上會比生產蔬果要少得多。因此，生產蔬果會否比葷食減少碳排放量，恐怕尚在未定之天。

愛丁堡大學一名社會生態系統建模方面的研究人員彼得・亞歷山大（Peter Alexander）指出，「如果我們不再養殖綿羊，這裏的環境就會發生變化，可能會對生物多樣性造成負面影響：如果我們沒能為這些人提供清晰的轉業選擇並為不再從事畜牧業的雇員提供補貼，我們就可能面臨嚴重的失業和社會動亂，特別是在和牲畜養殖業聯結緊密的鄉村地

---

[12] 綠色和平組織，全球第3大碳排國竟然是它！減緩氣候變遷，從不浪費食物開始做起！，https://www.greenpeace.org/taiwan/update/21272/%E5%85%A8%E7%90%83%E7%AC%AC%E5%A4%A7%E7%A2%B3%E6%8E%92%E5%9C%8B%E7%AB%9F%E7%84%B6%E6%98%AF%E5%AE%83%EF%BC%81%E6%B8%9B%E7%B7%A9%E6%B0%A3%E5%80%99%E8%AE%8A%E9%81%B7%EF%BC%8C%E5%BE%9E%E4%B8%8D%E6%B5%AA/

區。」[13]換言之，就生物多樣性及減少失業而言，消除畜牧業並不是好辦法。很可能的情況是，減碳的目標不但未達成，反而製造出更多影響地球生態的問題。

本‧帕蘭（Ben Phalan）在劍橋大學研究食物供應與生物多樣性之間的平衡問題，也指出「這會對經濟造成極大的影響，全世界約有三分之一的土地是乾燥和半乾燥的牧場土地，只能用來養殖牲畜。過去人們曾試圖把非洲撒黑爾地區（Sahel，位於撒哈拉沙漠南部和赤道之間）的牧場轉變為莊稼地，但沙漠化接踵而至，生產力也大幅下降，沒有了牲畜，有些環境就可能不適宜人類居住了」。[14]屆時可能又會上演人類必須爭奪有限居住地的故事，這恐怕是倡議吃素救地球者始料所未及的事。

本‧帕蘭進一步指出：「全世界有很多種族都會在婚禮上和節慶日送上牲畜作為禮物，例如，聖誕節的核心便是火雞或烤牛肉；如果完全摒棄了肉，這將對文化造成巨大的衝擊，因此有很多試圖減少肉類食用量的努力都遭遇失敗」。[15]一旦步及文化，要禁絕肉食就不怎麼容易。除非未來慶典的肉食可由人造肉來取代，否則要達到吃素救地球的目標並不容易。

由此可知，素食在生產的過程中並不見得會減少碳排放

---

[13] BBC，如果全世界都突然改吃素會怎樣？，https://www.bbc.com/ukchina/trad/vert_fut/2016/10/161021_vert_fut_what-would-happen-if-the-world-suddenly-went-vegetarian

[14] BBC，如果全世界都突然改吃素會怎樣？，同前註。

[15] BBC，如果全世界都突然改吃素會怎樣？，同前註。

量，有部分蔬果在生產過程的碳排放量甚至高過肉食，再加上可能造成違反生物多樣性的新生態問題，以及導致失業、減少人類居住地與衝擊文化習慣等社會問題，以吃素來救地球的說服力並不高。在問題未找到明確答案前，人類要共同以吃素來減少碳排量進而讓地球環境能永續發展，恐難以形成共識，有賴日後繼續探索以發現可以形成共識的證據。

第十一章

生命起源的爭辯

歷來有創造論與演化論的區別，兩者各有論據，如何客觀看待其間的差別，亦可以讓人們對於生命有更深刻的認識。砷是種劇毒，在台灣早期因為衛生條件較差，尤其是嘉南地區的民眾喝了過多含砷的地下水，導致罹患烏腳病。若是出現食砷生物，[1]當然是顛覆了過去人們對於砷的理解，也會此種生物要加以關注，因為這是科學新發現，實情究竟如何？以下將針對進化論與創造論關於生命創造與演化進行討論：

第一節　進化論的說法

雖然在查爾斯・達爾文（Charles Darwin）之前，就已經有專家提出類似進化論的觀點，如希臘哲學家阿那克西曼德（Anaximande）與達爾文祖父以拉斯謨・達爾文（Erasmus Darwin），不過進化論之所以廣為人知且持續

---

[1]　NASA，美國太空總署發現奇異「砷」物、顛覆生命元素假設，2010年12月8日，https://case.ntu.edu.tw/blog/?p=6548

引發討論者非達爾文莫屬。[2]根據凱倫‧倪安德（Karen Neander）的研究，達爾文的進化論主要受到四方面的影響：[3]

第一方面是受到老師兼好友之地質學家查爾斯‧裡爾的影響，特別是在方法論及實證研究上。裡爾是個均變論者（uniformitarian）而非進化論者，然而他發現儘管自然規則總是維持原樣，但在實際的運作過程中仍然可觀察到緩慢與漸進的變遷，因此推論地球的年齡應該超過聖經所預示的4000到6000年，他也認為地土表層有物種的生成與滅絕的痕跡。換言之，裡爾雖非進化論者，但是所提及緩慢與漸進的變遷，實際上就是演化的過程，這也就難怪達爾文讀了他的書後會受到啟示進而提出進化論。

第二方面的影響，也可以說是最關鍵的影響，則是來自於他對自然世界的觀察。在前往比高（Beagle）的旅程中，達爾文在多樣化的環境中，廣泛地蒐集現存的及成為化石之動物殘骸，加上相關領域專家分析，使其相信除了進化論以外，沒有其他的理論，可以對化石發現與物種在地理上的分佈狀況作出解釋。換言之，經過達爾文本身的觀察以及參照專家學者的分析輔助，終於讓他得出物種是在逐漸進化的結論。

第三及第四方面的影響則都是與物種的競爭有關，同

2　Karen Neander, "Evolutionary Theory", 2005, https://www.encyclopedia.com/humanities/encyclopedias-almanacs-transcripts-and-maps/evolutionary-theory

3　Ibid.

樣物種之間為了生存而爭，對達爾文來說是數量進化的一種機制。另外達爾文所熟悉的人工挑選動植物來養育，亦說明該種挑選也顯示不同的再生，可以在數量的分佈特點上有變化。達爾文認為若是在人類培育開始後，有許多變化在短時間發生，時間愈長變化也就愈多。當然人工選擇包含了人類的意圖，不過達爾仍然在發現演化機制的過程中有令人印象深刻的成果。

後來的生物學家都同意，自然選擇是演化的重要機制，但是對於重要性有多高卻有不同意見。[4]例如，古德與李文庭（S.J. Gould and Richard Lewontin）就譴責部分生物學家過度推論每種特點都能有適應環境的解釋。[5]如今演化的發生，被視為是基因在相當程度上產生變異，或是基因在一定的數量上重組；個體演化包含一個物種的變化，總體演化則代表有新物種產生。例如，突變、遷徙或漂移都會帶來特定數量物種之基因序列的改變。[6]

由以上論述很明顯可以看出，儘管生物學家對於物競天擇、適者生存在演化過程中的重要性仍有不同意見，但是都同意物種是經過逐漸演化的過程，才成為我們今天所看到的樣子。只是若是猿猴與人類是由同一物種演化而來，為何有些會變成為猿猴，有些會變成人類？決定演化不同的路徑與原因為何？是因為環境變遷或基因突變？不論是何種原因，

---

[4]　Ibid.
[5]　Ibid.
[6]　Ibid.

演化論者似乎都沒有提出明確的答案！

　　另一方面演化論只提及物種的演化，至於地球第一個生命的起源似乎未涉及。有科學家表示地球有生命存在已經超過三十億年，第一個單細胞出現的說法大概有七種，以下就是七種說法的介紹：[7]

　　第一種說法是由閃電開始，閃電從充滿水、甲烷、氨、氫的環境中創造出胺基酸與糖，如同在有名的米勒尤裡實驗（Miller-Urey experiment）中所顯示的，認為閃電協助創造地球早期生物的關鍵組成結構；過了幾百萬年後，更大而更複雜的分子於是形成。然而有研究透露地球早期是缺乏氫的，因此此種說法引發不少質疑，另外的問題是如今的閃電會否又製造出新生命呢？

　　第二種說法是生命的第一個分子是生成於黏土中，這是任教於蘇格蘭格拉斯哥大學的有機化學家坎史密斯（Alexander Graham Cairns-Smith）提出來的觀點。坎史密斯認為在黏土中的礦物晶體促使有機分子形成有組織的生命形態，就如同去氧核糖核酸（DNA）的基因序列告訴我們胺基酸是如何在蛋白質中排列的。此種關於生命起源之倒果為因的說法，恐怕能告訴人們有關生命起源之知識內容並不多！

　　第三種說法是深海噴口（deep-sea vent）理論，該理論認為生命的起源於海底熱液系統所噴發出來之關鍵高氫分子，而噴口不平的角落將這些分子集中起來並提供礦物催化

---

[7]　Charles Q. Choi, "Live Science Contributor", March 24, 2016, https://www.livescience.com/13363-7-theories-origin-life.html

劑形成生命起源的關鍵作用。如今這些噴口仍然富含化學與熱能,可支撐活動力強的生態系統。雖然此種說法被稱為理論,但是聽起來更像是神話,不知要從何驗證起?人類的科技已經發展到足以進入深海去瞭解那些噴口了嗎?即使到了噴口,又如何能解釋三十億年前的噴口與現在的噴口之差異究竟有多少?

第四種說法是生命從冰層開始。有科學家表示,冰層已經覆蓋地球海洋已超過三十億年,當時太陽日照量只有現在的三分之一,冰層大概有幾百吋厚,保護在水下之脆弱的有機組織,免於受到來自宇宙之紫外線與破壞的影響,進而幫助這些分子活得久一點,讓關鍵反應得以發生。只是這樣的說法,似乎無法解釋最早的有機組織是如何生成的?畢竟要先有才能被保護,不是嗎?

第五種說法是生命開始與DNA的組成有關。該說法認為DNA需要蛋白質才能組成,同樣蛋白質也需要DNA才能組成,可是如何在缺少彼此的情況下依然能組成?答案可能就是核糖核酸(RNA),它既可像DNA儲存資訊,也可像蛋白質一樣扮演酵素,進而協助創造了DNA與蛋白質。DNA與蛋白質進而承接了RNA世界,因為他們更有效率。若是此說為真,同樣沒有回答的問題是究竟當初的RNA是怎麼來的?

第六種說法則是生命有個簡單的開始。此說是生命非從複雜分子如RNA而來,而是在某種循環反應中的小分子間的相互作用而來;這些小分子被包覆在類似細胞模的小膠囊

內，時間一久較複雜分子就比小分子更能在演化上起反應作用。這樣的劇本被稱為「代謝優先」（metabolism-first）模式，與RNA世界之假設的基因優先（gene-first）模式是處於對立狀態。然而這樣的說法，同樣無法解釋當初的小分子是透過何種途徑存在於地球？是因為第一種說法閃電論而來的嗎？

　　或許是前面六種說法，都不足以明確解釋生命起源的最小分子是從何而來，第七種也就是最後一種的說法於是誕生，那就是地球生命從太空中的其他地方被帶來的，也就是為人所熟知的胚種論（panspermia）。例如受到宇宙衝擊的影響，岩石被炸離開火星，因不少火星的隕石在地球被發現，故研究者推斷微生物也因此被帶來此地，所以人類有可能原來都是火星人；另外有些科學家認為生命是從其他星球體系中的慧星所孕育出來的。不過，若此說為真，則生命如在地球開始的問題，將變為生命如何在太空的其他地方開始的問題，實際上科學家也坦承他們並沒有一種好的生命定義。

　　以上七種關係生命起源的研究，雖然似乎都言之成理，然而若進一步加以檢測就發現不能夠解釋清楚的地方不少。其中很大一部分都是已經就地球生命存在的事實進行推論，而無法真正提出最早的生命不論是小分子或複雜分子究竟從何而來。既然演化論在解釋生命起源仍有許多未解之謎。由創造論來作出解釋，似乎是另一種方法！

第二節　創造論的質疑

　　就廣義而言，創造論者是一些相信神是天地的絕對創造者，透過自由意志的行動從空無一物中創造出來。而這樣的神性不僅有超越人類經驗的意義，並隨時在必要時介入經常性的創造，若無神的關切，創造將會停止或消失。基督徒、猶太人及穆斯林都是相信創造論者。[8]雖然都相信創造論，但是自然神論主張與有神論的主張不同，前者是相信神創造後就由被造物自行演化而不再介入，也被視為是狹義的創造論者。[9]

　　創造論在更嚴謹的意義上相信以下幾項內容：[10]

第一、萬物開始的時間距離現在並不遠，年輕地球創造論者（young-Earth creationists）相信在西元十七世紀巴舍爾主教（Archbishop Ussher）的計算，地球的年齡為6千年；

第二、創造經歷了六天，至於天的意義有所差異，有人認為24小時，有人覺得有彈性；

第三、所有生命都是奇蹟式地創造，包括有智慧的人類，夏娃與亞當是同時來到，還是夏娃後來才來

---

[8]　Michael Ruse, "Creationism", Sep 21, 2018, https://plato.stanford.edu/entries/creationism/

[9]　Ibid.

[10]　Ibid.

也有爭論；

第四、在起初的創造後不久，全世界就被大洪水的覆
蓋，只有少數的人類與動物生存下來；

第五、還有其他事件如巴別塔、羅得的妻子成為鹽柱等。

上述說法除了第一點外，在聖經的第一卷書創世紀
（The Book of Genesis）都有詳細的記載。[11]其中也記載了
神創造夏娃，是因為見亞當獨居不好，所以創一個配偶與
他作伴。Michael Ruse對此有所疑義，可能是受到不同解經
家有不同解釋的影響。就如同他後續表示的，創造論者有
時也會被認定為基本教義派（Fundamentalists）或聖經直
譯派（biblical literalists），即認為聖經都是真理，甚至用
科學基礎來支撐信仰，如同科學創造論者；今日的創造論
者則通常以熱情為標誌，也被認定為智能設計（Intelligent
Design）。[12]

此外，創造論者除了有上述年輕地球論外，另有年長
地球論者（old-Earth creationists）。後者也相信造物主創造
了所有的生物，但是他們不同意創世紀的內容是創造的歷史
記錄，他們接受化石及地質學證據關於地球年齡的判定是事
實，不過不見得同意上帝用大爆炸方式創造宇宙。[13]這兩種
創造論者都同意物種的有機組織會有進化或退化，但是他們

---

[11] Moses, The Book of Genesis, http://www.vatican.va/archive/bible/genesis/
documents/bible_genesis_en.html

[12] Michael Ruse, "Creationism".ibid.

[13] Melissa Petruzzello, "Creationism", https://www.britannica.com/topic/creationism

都不接受這些演變會導致進化論者所主張的，物種由低等且簡單進化為高等且複雜的狀態。[14]

創造論爭辯的最近發展有四：一是有些知名的哲學家，對於智能設計理論開始表達鼓勵的聲音；二是在新的以及復興式地討論創造論及其多種面向時，一個問題經常會被詢問—進化論者為何在面對福音派及其相關宗教，要表達怒氣；三是在創造論的思維發展，發現創造論者的戰略已有所轉換，亦即用宗教觀點來批評達爾文主義；四是針對創造論及其多種形態的爭辯愈來愈多，並也很快地成為全球性的爭辯議題。[15]

基於上述原因，創造論的認同度在某些國家處於上升之中，特別是在非基督教文化中，如以伊斯蘭教為主的文化中的熱情也在增加中。[16]原因為何尚未完全探索清楚，但是有學者認為神學因素扮演的角色小，社會學的因素如不喜歡西方的霸權及其主導性科技，恐怕才是此波創造論認同感上升的重要原因。[17]

創造論固然在宇宙形成與生命起源上，有提出比進化論更有根據的說法。然而此種來自於聖經的解釋，到目前為止尚未得到科學的驗證（也許永遠也得不到驗證），使得創造論要被科學社群接受作為真理有一定的難度。當然創造論

---

[14] Ibid.
[15] Ibid.
[16] Ibid.
[17] Ibid.

所要解釋的不見得是科學的問題，而是宗教信仰的問題，可以是另一領域的問題。曾有神學家試圖以智能設計來兼顧科學與信仰，不過事後被證明是徒勞無功。由此可知，宗教信仰與科學不能說完全不相關，但是卻也有明顯的區隔，以人類目前的科學技術，尚難加以整合出一套既可滿足科學的條件，又不違背宗教信仰內涵的理論。

　　就如同在「天使與魔鬼」的電影中，教授符號學的蘭登教授，經歷千辛萬苦讓候任教宗得以存活，最後被主教團選出成為教宗。對主教團主席而言，蘭登教授是上帝派來的天使來協助教廷，平安度過這場劫難。然而蘭登教授並不相信自己是上帝派來的，只是主教團主席卻對此深信不疑。蘭登教授與主教團主席之間關於科學與宗教信仰的對話，就充分說明要讓創造論與進化論加以整合，其實並不容易。當然不論是創造論或者進化論都會繼續影響我們的認知與生活，端賴我們要如何選擇

第十二章

癌症是後天或先天的關係

　　癌症（Cancer），又稱惡性腫瘤（Malignant Tumor），癌症的發生是因為致癌基因被活化，導致細胞不受控制地增生，進而形成腫瘤，如果持續惡化、形成惡性腫瘤，就是所謂的癌症。[1]世界衛生組織（World Health Organization，以下簡稱 WHO）指出，癌症是全球第二大死因，在2018年奪去近千萬條人命，每六人就有一人是因癌症死亡；在台灣，癌症更連續38年蟬聯十大死因之首，根據國民健康署統計，2017年每4分42秒就有一人罹癌，癌症時鐘比十年前快了足足一分鐘以上。[2]由於癌症的致死率極高，因此受到大眾廣泛的關注。中研院院士許靖華日前表示，他發現癌症基因並非人類基因，是細菌基因長成，這種細菌又會因吃亞硝酸變壯大；因此，若人類飲水不含亞硝酸，人類就能藉此預防乃至治癒癌症，他和研究團隊已透過此方法治癒數名癌末患者

---

[1]　周士閔，認識癌症，2020年11月2日，https://helloyishi.com.tw/cancer/what-is-cancer/

[2]　周士閔，認識癌症，同前註。

案例。[3]這樣的研究發現，顯然與先前癌症基因為人類基因的判斷有極大的不同，試問何者正確，又如何預防？

第一節 癌症係受後天環境的影響

日本醫學博士井上真奈美表示，癌症在今天雖然已經不是絕對治不好的絕症，但即使能夠痊癒，隨著治療過程帶來的各種身體、經濟、社會上各層面負擔仍然並非人人都能承受，而許多媒體報導的防癌方法，也並不容易判斷其有效性到底如何。日本國立癌研究中心曾以科學上的統計為依據，簡單釐清哪些NG行為最容易提高罹癌機率，同時日本醫學博士也推薦了超簡單、最有科學根據的防癌5步驟，來降低罹癌風險！[4]

井上真奈美建議做到以下防癌五步驟，可望幫助我們遠離癌症：一是戒菸，戒菸除了自己不要抽煙以外，防止吸入旁人的二手煙也相當重要；二是減酒，能夠戒酒當然最好，如果做不到的話也應減量；三是改善飲食，避免高鹽分的食物，飲食要均衡，每天都要吃到足量的蔬果；四是維

---

[3] 許靖華，癌症基因並非人類基因，聯合報，http://udn.com/news/story/9/1807092-%E4%B8%AD%E7%A0%94%E9%99%A2%E9%99%A2%E5%A3%AB%E8%A8%B1%E9%9D%96%E8%8F%AF%E7%99%BC%E7%8F%BE%EF%BC%9A%E7%99%8C%E7%97%87%E5%9F%BA%E5%9B%A0%E4%B8%A6%E9%9D%9E%E4%BA%BA%E9%A1%9E%E5%9F%BA%E5%9B%A0。

[4] 張承宇，一表揪出3大最毒癌症因數！最有科學根據5招降43%罹癌率，https://www.edh.tw/article/24474。

持標準體重，中高年齡男性最好控制BMI值在21～27，女性21～25，是比較理想的體重；五是運動，如果是和走路同等強度的運動，建議每天進行60分鐘，會流汗的運動則每週60分鐘，就可能有助於防癌。[5]井上真奈美強調，若能做到這五步驟，男性可能可以降低罹癌機率43%，女性也能降低約37%，即使只做到3種，男性也能降低28%、女性降低27%，是相當有效的防癌方式。[6]

　　既然能透過後天的努力就能防癌，就說明癌症是受到後天環境的影響較大，特別是煙酒與飲食。當然改善飲食習慣與維持標準維體重，再加上適度的運動，應該可以降低罹癌的機率。另外，亦有專家指出，油膩、燒烤紅肉、加工肉品，甚至甜食，也與癌症密切相關！[7]更何況維持健康生活，跟胰臟癌、食道癌、攝護腺癌說再見。[8]從近年癌症登記的數據也顯示，推動癌症篩檢經過一定的時間可以降低癌症發生率。凡此都顯示，後天的環境對罹癌有非常大的影響。

　　不僅如此，前國民健康署邱淑媞署長亦指出，依據世界衛生組織報告，至少有1/3的癌症是可以預防的，她並提

---

[5]　張承宇，一表揪出3大最毒癌症因數！最有科學根據5招降43%罹癌率，同前註。

[6]　張承宇，一表揪出3大最毒癌症因數！最有科學根據5招降43%罹癌率，同前註。

[7]　黃詩絜，十大癌症出爐！你想不到的致癌因數還有它，https://thebetteraging.businesstoday.com.tw/article/detail/201812270028

[8]　Ibid.

出在日常生活中力行的防癌10件事以遠離癌症，內容為[9]：
一是拒菸、拒檳，避免過度飲酒：研究顯示肺癌患者中高達
90%的比例有吸菸的習慣，是導致肺癌的最主要原因；在台
灣，十個口腔癌，九個嚼檳榔；所有癌症的死亡人口中亦有
3.6%的比例與飲酒有關；二是維持健康體位：根據統計，肥
胖者對停經後婦女發生乳癌機率為非肥胖者之1.5倍；發生
子宮內膜癌機率為非肥胖者之2-4倍；發生胃癌機率為非肥
胖者之2倍；發生食道腺癌機率為非肥胖者之2倍；發生腎細
胞癌機率為非肥胖者之2-4倍。

　　三是養成規律運動的習慣：每天運動30分鐘就可降低罹
患大腸癌、乳癌和子宮內膜癌的風險，運動甚至是某些癌症
的抗癌處方；四是有計畫的攝取蔬果五穀：減少紅肉和加工
肉品；研究顯示，多吃蔬菜、水果、五穀雜糧等植物性的食
物有助於抵抗口腔、咽喉、食道、胃、大腸等部位的癌症；
五是選擇低卡路里的食物且減鹽：飲食中選擇低卡路里的食
物有助於維持健康的體重而有助於預防癌症；六是毋需過度
倚賴營養補充品，沒有研究顯示服用營養補充品可以預防癌
症，服用特定的補充品甚至會增加罹癌的風險。

　　七是產婦盡量替寶寶哺乳：喝母乳長大的寶寶成年後也
不容易有過度肥胖的問題。對媽媽而言，哺乳可以調整體內
的荷爾蒙，有助於降低罹患乳癌的風險；八是使用具實証可
預防癌症之疫苗：據調查8成以上的肝癌是由B型肝炎病毒所

---

[9]　國民健康署，防癌10件事，106年12月11日，https://www.mohw.gov.tw/cp-3206-21543-1.html

引起，施打B型肝炎疫苗則可有效避免感染B型肝炎而降低罹患肝癌風險；九是定期接受篩檢：接受癌症篩檢也可以預防癌症，乳癌、大腸癌、子宮頸癌和口腔癌，都是WHO建議可以經由篩檢，早期發現早期治療之癌症；十是要注意防癌避免復發：曾罹癌且經過治療的病人，更應該做到上述各點所述良好生活習慣，以維持健康，避免癌症復發。邱淑媞最後不忘提醒大家，日常生活中若能落實上述10點，就能降低罹癌的風險。

不只是日前生活習慣不佳，會導致人們罹患癌症，所處的環境若易引發細胞不受控制地增生，同樣也會面臨罹癌的風險。環境致癌物（Carcinogen）包括以下三個種類：物理性致癌物：紫外線和輻射等；化學性致癌物：石棉、香菸成分、黃麴黴素和砷污染等；生物性致癌物：由某些病毒、細菌或寄生蟲引起的感染等。[10]根據WHO轄下之國際癌症研究所（International Agency for Research on Cancer，以下簡稱IRAC），2020年的最新致癌物分類，一共分為四類。

第一級（Group 1）：證實對人體有致癌性的物質，共120種。

第二級A類（Group 2A）：很可能對人體有致癌性的物質，共88種。

第二級B類（Group 2B）：可能對人體有致癌性的物質，共313種。

---

[10]　周士閔，認識癌症，同前註。

第三級（Group 3）：仍無證據證實對人體致癌，但在動物身上有可能致癌，共499種。

第四級（Group 4）：對人體幾乎沒有致癌性。但IRAC已於2019年刪除此類，併入第三級致癌物。[11]

受後天影響之一般常見的致癌因數如下：年紀、病菌感染、飲食、肥胖、酒精、煙草、空氣汙染、化學汙染物、紫外線、遊離輻射、慢性發炎、慢性病、荷爾蒙、激素、免疫抑制等。[12]其中年紀、荷爾蒙、激素、免疫抑制也與先天的基因有關。[13]以下將就癌症係受先天基因的影響進行介紹

第二節　癌症係受先天基因的影響

很多癌症患者都有一個疑問：生活在同一個環境、有著相似的飲食習慣，為什麼別人卻沒事，得癌的偏偏是自己？從事腫瘤研究五六十年，北京中醫醫院腫瘤中心名譽主任郁仁存表示，罹癌85%來源於外因，空氣污染、化學致癌物、病毒感染等，但最根本的不同是自己，也就是來源於內因。外因只是條件，內因才是決定性因素，所以得腫瘤主要是自己身體失調了，具備了患癌的體質。[14]

---

[11] 周士閎，認識癌症，同前註。

[12] 周士閎，認識癌症，同前註。

[13] 黃詩絜，十大癌症出爐！你想不到的致癌因數還有它，同前註。

[14] 儲舒婷、顧軍，為什麼得癌的偏偏是你？研究腫瘤50年的專家說：因為你沒注意這些事！文匯報，2020年10月20日，https://health.udn.com/health/story/6014/4950311。

　　另有專家指出，除了不良生活習慣、職業性和環境污染、醫源性致癌因素、病毒感染和慢性炎症外，遺傳、內分泌功能紊亂、基因突變亦是致癌重要因素。[15]遺傳性癌症方面，是以常染色體顯性方式遺傳的，例如遺傳性的視網膜神經母細胞瘤、神經母細胞瘤、Wilm瘤和嗜鉻細胞瘤、結腸多發性息肉；另有一些多基因遺傳的乳腺癌、胃癌、肺癌、攝護腺癌、子宮頸癌等，患者的一級親屬的發病率顯著高於群體的發病率。[16]至於**內分泌功能紊亂**，主要指性激素紊亂，例如雌分泌過多易產生乳腺和子宮腫瘤，雄激素分泌過多易產生攝護腺癌。基因突變則是受到年齡的影響，因歲數越大，細胞需要分裂次數越多，所以老人比年輕人容易得癌症。[17]

　　另有專家指出，癌症的確與遺傳存在著一些相關性，但並非所有，而是某種意義上的癌症易感性。例如，有家族史的乳腺癌患者如果抑癌基因BRCA1出現突變，其後代罹患乳腺癌的幾率就會比其他人高，但並不意味著其後代一定患癌。[18]此外，正常人體每個細胞有46條染色體，各種致癌因數可以引起染色體畸變，使得這種染色體在數目和形態上與

[15] 胡洋，人為什麼會得癌症，癌症和哪些方面有關？醫生終於說了大實話！**健康**，2018年11月12日，https://kknews.cc/zh-tw/health/n98x963.html。

[16] 胡洋，人為什麼會得癌症，癌症和哪些方面有關？醫生終於說了大實話，同前註。

[17] 胡洋，人為什麼會得癌症，癌症和哪些方面有關？醫生終於說了大實話，同前註。

[18] 張瑤，癌症真的會遺傳嗎？有癌症家族史的人群該何去何從，**健康**，2017年1月16日，https://kknews.cc/health/mgypv89.html。

正常細胞不同，這種染色體的畸變有時會遺傳給後代，使其下一代具有患癌的可能性。例如第13號染色體缺失的人易患視網膜母細胞瘤；第22號染色體缺失的人，往往伴有慢性白血病。[19]

　　與遺傳相關的癌症大致可分為兩類，一類是完全由基因決定的遺傳性腫瘤，往往有家族史，發病年齡早，多為雙側性或多發性；另一類是沒有明確遺傳物質基礎，但有明顯遺傳傾向的腫瘤，一般多散發，發病年齡較遲。遺傳性腫瘤不多，常見於兒童腎母細胞瘤、視網膜母細胞瘤。另一種具有遺傳傾向的腫瘤，如結腸癌與飲食關係密切相關，在家庭中如果父母患有因多發性結腸息肉瘤導致的結腸癌，其子女患上同類癌症的可能性高達50%。肺癌的發病雖然與環境相關，但有報導顯示，吸菸者的近親中有患肺癌的，其患肺癌的風險比一般人高14倍。[20]由此可知，有癌症家族史的人們，要比一般人更加謹慎防治癌症發生。

　　至於為何會發生基因變異？根據Geneonline的資料，主要來源有二：一是與生俱來的先天基因遺傳，主要和家族遺傳有關。每個人都可能帶有先天的基因變異，若發生在關鍵基因上的變異，將會大幅提高罹患癌症的機會；二是經由環境和生活習慣長期接觸致癌物質，造成新的基因突變產生累積在細胞內，讓一些關鍵的基因失去應有的功能，造成體內細胞的運作失衡、失控，進而讓細胞發生癌化病變，產生癌

---

[19] 張瑤，癌症真的會遺傳嗎？有癌症家族史的人群該何去何從，同前註。
[20] 張瑤，癌症真的會遺傳嗎？有癌症家族史的人群該何去何從，同前註。

細胞在體內快速生長擴散。[21]

目前許多研究已經發現有三大類關鍵的基因和癌症的發生有直接的關聯性，分別是：致癌基因（Oncogenes）、DNA修復基因（DNA Repair Genes）和抑癌基因（Tumor Suppressor Genes）。[22]當細胞因內、外在因素而產生DNA基因突變時，DNA修復基因就會啟動自我修復機制，可以修復絕大部分的基因突變，但若是基因突變的頻率高於細胞自我修復的能力，還是會累積基因變異而導致於細胞的癌化；抑癌基因在細胞運作過程當中則是扮演著守門員的角色，當DNA上出現無法修復的基因變異時，抑癌基因會啟動去阻止這個癌化細胞的生長和分裂，並促使該細胞走向細胞凋亡的途徑，避免癌細胞的生成。[23]換言之，若基因變異發生在這些關鍵基因的DNA序列之上又未被及時修復而逐日累積DNA缺損，會讓這些關鍵基因的功能發生異常而讓細胞運作機制失控，癌症就這樣產生了。[24]

有些癌症患者在其家族中有多位成員都罹患相同或相關的癌症，通常是先天帶有特定的關鍵基因變異的關係，可稱之為遺傳性癌症。藉由基因檢測確認為遺傳性癌症基因變異帶因者，雖然罹癌機率會比一般人高出8-10倍，但及早採取適當的防癌措施，還是能防範於未然，美國好萊塢知名女星

---

[21] GENEONLINE，癌症是種基因疾病，2015年9月19日，https://geneonline. news/index.php/2015/09/19/10201040/

[22] GENEONLINE，癌症是種基因疾病，同前註。

[23] GENEONLINE，癌症是種基因疾病，同前註。

[24] GENEONLINE，癌症是種基因疾病，同前註。

安潔莉娜・裘莉就是一個採取先期防癌措施的鮮明案例。這也說明先天基因對癌症病發有重大影響，否則如何能採取預防措施呢？既然癌症是源自於基因變異的疾病，癌症的臨床治療就必須針對每個人不同的基因體質與不同的基因變異模式而給予量身打造的治療方式，才能夠有效率地在最短的時間產生最好的治療效果並且減低治療的副作用。[25]

　　根據衛生署資料顯示，遺傳性癌症在所有癌症病患的佔比並不高，例如過去在研究33197位癌症病患中，有14.6%有家族癌症的病史，而有7.7%的病人，具有強烈的家族癌症病史。[26]換言之，大約一成左右的癌症病患，屬於家族性癌症或是遺傳性癌症。[27]至於遺傳性癌症與家族性癌症的定義似乎不太清楚，常見被提及有遺傳性的癌症例如乳癌，約有5-10%的病患屬於遺傳性癌症，另有約15%的病患，屬於家族性的癌症，並非由目前已知的單基因突變所引起，可能是由於多基因遺傳與後天環境因數交互作用而形成。[28]

　　因此，有研究顯示，癌症易感基因（cancer susceptibility gene或稱為predisposing gene），可以依照癌症的外顯率（penetrance）分成高風險（high penetrance）、中度風險（moderate penetrance）與低風險（low penetrance）基因。[29]

---

[25] GENEONLINE，癌症是種基因疾病，同前註。

[26] 衛生署，遺傳性癌症的評估與基因檢驗，https://www.ntuh.gov.tw/gene/Fpage.action?muid=785&fid=597

[27] 衛生署，遺傳性癌症的評估與基因檢驗，同前註。

[28] 衛生署，遺傳性癌症的評估與基因檢驗，同前註。

[29] 衛生署，遺傳性癌症的評估與基因檢驗，同前註。

高風險基因係因如BRCA1、BRCA2（易罹乳癌）等基因突變，所造成高度罹癌的風險；中度風險則是基因突變導致中度罹癌的風險；而低風險基因變異，大多是單一核苷酸多型性有關（Single Nucleotide Polymorphism, SNP）的變化，致使出現低度罹癌的風險。[30]由此可見，不論是遺傳性癌症或家族性癌症，儘管佔罹癌的比例不算太高，卻與先天基因有莫大的關係，也使得先期預防，不是靠後天生活習慣的改善就能達成目標。

前述安潔莉娜·裘莉的例子，就是因為母親與阿姨分別因卵巢癌與乳癌過世，本身接受基因檢測得知有BRCA1基因突變，於是在2013年初接受預防性雙乳房切除重建手術，接著接受預防性雙側輸卵管及卵巢切除手術。儘管預防性雙側乳房切除與重建手術，是過去研究證實可以降低乳癌相關死亡率的一項重要措施，但是該預防措施必須與帶因者詳細溝通，讓帶因者充分瞭解與心理諮商後，才予以進行。[31]由於這是預防性措施而非是在發生後的治療措施，在溝通過程中勢必會遭遇些難題。

根據美國癌症協會（American Cancer Society）的最新數據統計，在美國，一個男性一生中患癌症的風險是42%，女性是38%；在英國這一數字甚至更糟，根據英國癌症研究所（Cancer Research UK）的研究，54%的男性和48%的女

---

[30] 衛生署，遺傳性癌症的評估與基因檢驗，同前註。
[31] 衛生署，遺傳性癌症的評估與基因檢驗，同前註。

性會在生命中某刻罹患癌症。[32]因此，有專家學者指出，癌症是人類進化過程的一個不幸的副產品；大而複雜的動物，如人類，容易受到癌症的攻擊，正是因為體格龐大，機體複雜。[33]

　　既然癌症是人類進化過程的副產品，就代表先天影響的成份很高，也是人們在預防癌症時，不得不加以留意的。就如同英國法蘭西斯・克裡克研究所（Francis Crick Institute）的教授查爾斯・史旺頓（Charles Swanton）提到的：「上百萬年的進化讓我們的身體非常善於修正錯誤」、「基因在這方面非常強大，但是並不完美。」[34]這也說明人們即使再注意生活作息，也難敵原本不完美的基因錯誤。當然愈多瞭解自然就愈容易找到防治之道。

---

[32]　BBC，癌症是進化過程的副產品，2016年6月20日 https://www.bbc.com/ukchina/trad/vert_earth/2016/06/160620_vert_earth_is-cancer-inevitable

[33]　BBC，癌症是進化過程的副產品，同前註。

[34]　BBC，癌症是進化過程的副產品，同前註。

第十三章

結論

　　本章除了回顧本書前十二章所得到結論外，另外就是要回答一個問題，專業是否會限制創新？如果答案是肯定的，要如何避免？若答案是否定的，則要面對的問題是，此種說法是在何種背景下出現的，出現後對人們的啟示是什麼？

第一節　科學受典範或世界觀影響

　　本書從第一章開始探討咖啡有無提神作用，就發現其實專家學者對於咖啡究竟能否有提神作用充滿爭議。若細究他們得出結論所運用的方法又沒有什麼值得質疑的地方，然而為何會得出相反的結論呢？究竟何者才真正是言之成理呢？當然不是只有咖啡有無提神作用專家學者有不同結論，其他議題亦不遑多讓！

　　例如本書在探討科技是否使人類生活變得更美好，專家學者就有兩種不同意見，否則愛因斯坦不會說；「我不知道第三次世界大戰用什麼武器，第四次世界大戰肯定用棍子和石頭」。當戰爭已經必須藉由棍子和石頭來戰鬥時，意味著

科技在後現代的戰爭中是無用武之地。儘管科技在節能及提供交通便利上有不少好處，然而科技的發展也讓人類可以毀滅自己好幾次，實在看不出其好處在哪裡？

　　科學固然是理性的，有根據的，可以反覆驗證的；迷信則是盲目相信，找不到實證。不過若迷信沒有根據，為何還有那麼多人相信？實際的情況是於現在世界中的理念及現象迷信，只說明該理念及現象尚未經過檢驗，不代表沒有意義。尤其是經過嚴謹科學訓練之電機博士的個案，卻對網路詐騙深信不移，加之揭開準晶秘密的諾貝爾化學獎得主謝茲曼、諾貝爾醫學獎得主羅斯曼，在得獎之前都被同樣接受過科學訓練的同事訕笑，何嘗不在說明科學與迷信只是一線之隔。稍一不慎、科學也會成為另一種迷信，兩者的實質差異不大。

　　身心靈科學可說是科學發展的新領域，倡議者也提醒讀者要有寬闊的心胸來接受此種新科學領域。然而當有關身心靈科學的碩士論文，卻必須被指導教授保密10年以上不對外公開，難免就會引發外界疑慮，是否因研究方法或結論有問題，才選擇不對外公開？否則新科學理論公開讓學界有更多人加入討論，對於學術能量的累積豈非更有助益？此種作法，無異要使外界對於所謂新科學領域的身心靈科學抱持開放的態度也難，畢竟倡議者本身就未採開放態度。這也說明新科學領域開發之不易。

　　外星人是否存在則是另外一個引發不少爭議的議題。因為地球上存在許多科學難以解釋的遺跡，諸如51區秘密基

地、麥田圈、飛碟、巨石陣等，自然就引發該等現象是否為外星人所為的疑問？然而當有英國年輕人承認麥田圈係其偽造，加之科學家及飛碟協會專家表示，95%的飛碟事件都是與光影折射有關，使得外星人曾來過地球的說法受到人們許多的質疑。特別是美國航空太空總署（NASA）的專家，都是在退休後才說明曾接觸過外星人的有關訊息，可信度同樣也令人存疑。若外星人真的曾造訪地球，NASA要完全保密談何容易。更遑論不少外星人案例，事後被證明都是鬧劇一場，就更不容易讓人們相信外星人真實在地球上存在過。只是外星人是好萊塢電影創作的主要題材之一，不論未來是否能證實外星人曾存在於地球，電影院或影音平台上應該不會缺與外星人有關的題材。

當然討論外星人就不該錯過世界末日的議題，因為世界末日的重要原因之一，就是外星人入侵。由於受到傳媒的影響，2012年地球將面臨末日的馬雅曆法被廣傳，同名電影的賣座也不錯。不過地球經過了2012年末日並未發生，也說明在研判世界末日來臨時需要有更多的證據。有專家指出有10種導致地球末日的原因，其中有5種原因是與人類本身的行為有關，真是應了古人那句話「自作孽不可活」。另外聖經也預示了末日的景象，不過也提出來臨的時候是無人知曉的，所以也不需要過度擔心，因為擔心沒用。只是對於過去曾經發生過不少次集體自殺以逃避末日的事件，寄予無限的同情。這也說明追根究底的重要性，千萬不能人云亦云，以免落入困境而不自知。

　　全球暖化的議題無疑當代最受重視的議題之一，因全球氣候劇烈變遷的結果，不僅改變了生態環境，也讓人類在預測未來的氣候變化變得更加地困難。此種冷的地方更冷、熱的地方更熱，迫使世界各國紛紛採取行動來防止氣候變遷進一步惡化，「聯合國氣候變化綱要公約（UNFCCC）」締約國大會分別通過《京都議定書》與《巴黎協定》，就是各國政府努力的證據。然而從《京都議定書》的失效到最後不得不以《巴黎協定》取代，說明各國政府要落實減碳的目標不容易。當然宣導氣候暖化記錄片《不願面對的真相》不遺餘力的美國前副總統高爾，以及中輟學業至全球各地宣導節能減碳重要性之瑞典環保少女格雷塔·通貝裡，在日常生活中未樹立節能減碳的榜樣，也對全球節能減碳的行動上造成負面的影響。

　　更重要的是，另外有一批專家學者不認為氣候暖化是人類的行為造成的。火山爆發所導致的碳排放量，比人類各種產業與交通運輸所增加的碳排量要嚴重得多，試問人類有能力阻止火山爆發嗎？更何況有專家學者認為地球暖化不是受到碳排量的影響，而是受到太陽黑子影響所致。也有專家學者指出，是地球暖化才導致碳排放量的增加，而非碳排放量的增加造成地球暖化，此種因果關係倒置的說法，無疑更增加氣候暖化與碳排量關係的複雜性。最後則是所有的氣候變遷資料都是過去200年的資料，要以這200年的資料去判斷現在的暖化只是一種氣候大循環中的一小部分，或是一種冷更冷、熱更熱的新趨勢，有其一定的難度，也讓地球暖化議題

要形成共識並不容易。

　　若是減碳可以降低地球暖化的趨勢，則吃素能否救地球就成為一個必須重視的議題。綠色和平組織曾列舉了加工肉品對人類和地球造成七大傷害，分別是：森林砍伐和森林大火的元兇、助長氣候變遷、亞馬遜雨林的破壞已達臨界點、侵犯人權並掠奪土地、野生動物的殺手、增加未來流行病的風險、吃肉不符經濟效益等。不過若細究葷素食品對排碳的影響，實際上素食在生產的過程中並不見得會減少碳排放量，有部分蔬果在生產過程的碳排放量甚至高過肉食，再加上可能造成違反生物多樣性的新生態問題，以及導致失業、減少人類居住地與衝擊文化習慣等社會問題，以吃素來救地球的說服力並不高。在問題未找到明確答案前，人類要共同以吃素來減少碳排量進而讓地球環境能永續發展，恐難以形成共識，有賴日後繼續探索俾發現可以形成共識的證據。

　　儘管生物學家對於物競天擇、適者生存在演化過程中的重要性仍有不同意見，但是都同意物種是經過逐漸演化的過程，才成為我們今天所看到的樣子。只是若是猿猴與人類是由同一物種演化而來，為何有些會變成為猿猴，有些會變成人類？決定演化不同的路徑與原因為何？是因為環境變遷或基因突變？不論是何種原因，演化論者似乎都沒有提出明確的答案！這也給了創造論有解釋的空間。創造論者是一些相信神是天地的絕對創造者，透過自由意志的行動從空無一物中創造出來。而這樣的神性不僅有超越人類經驗的意義，並隨時在必要時介入經常性的創造，若無神的關切，創造將會

停止或消失。

　　創造論固然在宇宙形成與生命起源上，有提出比進化論更有根據的說法。然而此種來自於聖經的解釋，到目前為止尚未得到科學的驗證（也許永遠也得不到驗證），使得創造論要被科學社群接受作為真理有一定的難度。當然創造論所要解釋的不見得是科學的問題，而是宗教信仰的問題，可以是另一領域的問題。曾有神學家試圖以智能設計來兼顧科學與信仰，不過事後被證明是徒勞無功。由此可知，宗教信仰與科學不能說完全不相關，但是卻也有明顯的區隔，以人類目前的科學技術，尚難加以整合出一套既可滿足科學的條件，又不違背宗教信仰內涵的理論，這也是未來可以努力的方向。

　　世界衛生組織（World Health Organization，以下簡稱WHO）指出，癌症是全球第二大死因，在2018年奪去近千萬條人命，每六人就有一人是因癌症死亡；在台灣，癌症更連續38年蟬聯十大死因之首，根據國民健康署統計，2017年每4分42秒就有一人罹癌，癌症時鐘比十年前快了足足一分鐘以上。也正因為癌症的致死率極高，因此有必要加以探討。癌症係有受後天環境及先天基因的影響。

　　很多癌症患者都有一個疑問：生活在同一個環境、有著相似的飲食習慣，為什麼別人卻沒事，得癌的偏偏是自己？從事腫瘤研究的醫師對此表示，罹癌85%來源於外因，空氣污染、化學致癌物、病毒感染等，但最根本的不同是自己，也就是來源於內因。外因只是條件，內因才是決定性因素，

所以得腫瘤主要是自己身體失調了，具備了患癌的體質。更有專家學者指出，癌症是人類進化過程的一個不幸的副產品；大而複雜的動物，如人類，容易受到癌症的攻擊。換言之，防癌不僅要注意外因，也要重視內因，如此才可有效防止癌症的發生與診治。

第二節　勿讓專業化發展限制科學視野

誠如科學哲學家孔恩所說的：「科學是一個高度累積性的事業，它的目標在穩定地擴張科學知識的精度及廣度」、「在任何一門科學的發展過程中，第一個共同接受的典範，通常大都覺得能成功地解釋大部分研究者容易觀察到的現象：進一步的發展通常就需要建造更費巧思的儀器，發展出一套只有內行人懂的術語及技術，以及把原先較為粗糙的觀念改造成精密的思考工具。」[1]典範或世界觀雖然可以幫助人們更多地去理解所處的世界，然而典範之間的不可共通性，也可能會使科學社群在理解不符合舊典範之新現象造成限制。

孔恩特別提醒我們「專業化的發展，大幅限制科學家的視野，並導致典範變遷時遇到相當大的阻力；換言之，科學研究會逐漸變得僵化。[2]孔恩對此特別舉何說明：「在1690及1781之間，許多天文學家，至少17次看到一顆星在天

---

[1]　Thomas Kuhn，王道還等譯，*科學革命的結構*，頁5,115。
[2]　Thomas Kuhn，王道還等譯，*科學革命的結構*，頁115。

王星所在的位置，卻沒有注意到它會運動，要是注意到了，就不會認為是恆星了。」若非受到舊有典範的影響，發現天王星非恆星又豈會耽誤近百年。由此可知，專業化發展可能對科學新發現的限制。經過嚴謹科學訓練之電機博士對網路詐騙深信不移的個案，揭開準晶秘密的諾貝爾化學獎得主謝茲曼、諾貝爾醫學獎得主羅斯曼，在得獎之前都被同樣接受過科學訓練的同事訕笑，不都是因為受到專業化發展的影響嗎？否則怎會有如此表現！

實際上在本書所論述之相反的案例中，有何者不是代表著科學社群對於本身典範或者專業的堅持，以致於未能看到另外一群人所提出的論點有值得參考之處。在教學現場特別詢問學生，同意專業化發展限制科學視野與否？同意者認為：閱聽者大多數只接受一個數據式的資料；朝著專業化思考，不會想到其他不同方向的事務；因為機器很容易被科學家限制在一個框框裡；因為科學家會被限制在自己的專業，而忽略其他因素；專業化是一種制度化，限制新理論產生。不同意者則認為：專業彼此進行生產，研究可以提高品質；專業化的知識與方法會使科學視野加深加廣；科學進步會為人類帶來改變，也可以突破專業化的限制；專業化的發展可以使研究更加深入，發現表面看不出來的，甚至從舊東西中發現新事物。

不論同意與否，其實都涉及學生本身所認知之典範與世界觀，並沒有所謂的標準答案。當然本書的目的也不在提供標準答案，而在於針對同一議題呈現科學社群不同的典範或

世界觀的堅持，俾在相互參證過中讓我們對於所處的世界有
更進一步的認識與理解。

參考文獻

中文

BBC。2016/6/20。癌症是進化過程的副產品，https://www.bbc.com/ukchina/trad/vert_earth/2016/06/160620_vert_earth_is-cancer-inevitable.

BBC。如果全世界都突然改吃素會怎樣？，https://www.bbc.com/ukchina/trad/vert_fut/2016/10/161021_vert_fut_what-would-happen-if-the-world-suddenly-went-vegetarian

BBC中文網，咖啡不提神，http://www.bbc.co.uk/zhongwen/trad/world/2010/06/100607_life_coffee.shtml。

GENEONLINE。2015/9/19。癌症是種基因疾病，https://geneonline.news/index.php/2015/09/19/10201040/

NASA。2010/12/8。美國太空總署發現奇異「砷」物、顛覆生命元素假設，https://case.ntu.edu.tw/blog/?p=6548

Thomas Kuhn，王道環等譯，**科學革命的結構**，臺北：遠流出版社，1994。

Weber, Christopher L. Scott H. Matthews. "Food-miles and the Relative Climate Impacts of Food Choices in the US", *Environmental Science & Technology,* Vol 42, No. 10, 3508–3513.

大英百科全書，科學的定義，https://global.britannica.com/topic/

science。

中央社，獲諾貝爾化學獎謝茲曼發現曾遭奚落，**聯合報**，2011年10月5日，http://udn.com/。

中央氣象局。全球暖化的證據，https://www.cwb.gov.tw/V8/C/C/Change/change_2.html。

中時電子報，2015/12/7還記得《上帝也瘋狂》中的他嗎？想不到沒拍電影後的他，http://photo.chinatimes.com/20151207005841-260806。

中時電子報。104/4/11。 FBI幽浮檔案解密？一場烏龍啦，https://www.youtube.com/watch?v=-RuOts6bqEU。

今日新聞，美國登月造假?!史諾登再爆驚天秘密http://www.nownews.com/n/2013/08/06/182018。

心潔。2020/4/14。「主像賊一樣來」的預言是這麼應驗的，**中文聖經網**，https://www.expecthim.com/Lord-comes-to-prophesy.html。

台灣青年氣候聯盟。2018/11/2。COP大事件－《京都議定書》與《巴黎協定》，http://twycc.org.tw/cop%E5%A4%A7%E4%BA%8B%E4%BB%B6%EF%BC%8D%E3%80%8A%E4%BA%AC%E9%83%BD%E8%AD%B0%E5%AE%9A%E6%9B%B8%E3%80%8B%E8%88%87%E3%80%8A%E5%B7%B4%E9%BB%8E%E5%8D%94%E5%AE%9A%E3%80%8B/

生命時報，咖啡提神只需一杯，http://big5.xinhuanet.com/gate/big5/js.xinhuanet.com/zhuanlan/2011-03/09/content_22242668.htm。

字典公司，科學的定義，http://www.dictionary.com/browse/science。

字典公司，迷信，http://www.dictionary.com/browse/superstition。

老謝。明天過後世界全面冰封，你會在哪裡？，https://allmymemory.pixnet.net/blog/post/53081992

艾利漫遊中，能用肉眼看到二氧化碳？瑞典環保少女被批作秀，滿桌全是塑膠垃圾，*ETtoday新聞雲*，https://www.ettoday.net/

dalemon/post/47641#ixzz6hSdWLQ00

佚名。美國政府為何圍剿邪教大衛教派，**科技**，https://itw01.com/MH38EVX.html。

吳毓敏。103/8/20。史上最清晰的UFO目擊，專家：無解，**中時電子報**，http://www.chinatimes.com/realtimenews/20140820004490-260408

吳毓敏。104/7/15。外星人到此一遊？神秘麥田圈有解，**中時電子報**，http://www.chinatimes.com/realtimenews/20140715004862-260408

李嗣涔，人體身心靈科學（上），https://www.youtube.com/watch？v=qhgrgPXfx9U。

李嗣涔，氣功與人體潛能研究的歷史回顧，http://sclee.ee.ntu.edu.tw/2015mind/mind1.htm。

沈林。2019/10/5。被普京批評的16歲環保少女，她的背後竟然是……，**新民周報**，https://kknews.cc/zh-tw/world/8g942vq.html。

周士閔。2020/11/2。認識癌症，https://helloyishi.com.tw/cancer/what-is-cancer/

彼得。2011。彼得後書，**現代標準合和本中文聖經**，https://cnbible.com/cuvmpt/2_peter/3.htm

於慶璿。105/5/6。揭秘美國最神秘的51區、前工作人員這樣說……，**中時電子報**，http://hottopic.chinatimes.com/20160506006263-260809。

邱珮瑜。2010/2/22。±2℃氣候災難　陳文茜：台灣要自救，**聯合晚報**，轉引自http://blog.ilc.edu.tw/blog/index.php?op=printView&articleId=91734&blogId=315

科學之友，地球正在暖化的十大迷失，http://www.friendsofscience.org/index.php?id=3。

科學變簡單網站，科學的定義，http://www.sciencemadesimple.com/science-definition.html。

胡洋。2018/11/12。人為什麼會得癌症，癌症和哪些方面有關？醫生終於說了大實話！**健康**，https://kknews.cc/zh-tw/health/n98x963.html。

韋氏字典，簡單科學的定義，http://www.merriam-webster.com/dictionary/science。

香楠。2018/11/18。「人民聖殿事件」逃不了的恐怖天國，瓊斯信徒集體殉教（下），**重大歷史懸疑案件調查辦公室**，https://ohsir.tw/3232/。

翁世航。2017/3/31。吃素環保救地球？十大傷害環境食物排行，蘆筍榜上有名，**關鍵評論**，https://www.thenewslens.com/article/64918

高湧泉，科學與民主：原子彈發明與不發明的故事，**STS論壇**，http://case.ntu.edu.tw/blog/？p=2496。

國民健康署。2017/12/11。防癌10件事，https://www.mohw.gov.tw/cp-3206-21543-1.html

國家地理頻道，世界末日會是怎麼樣的呢，https://www.youtube.com/watch?v=xSrXvj43kw0

國家地理頻道，末日滅絕的十大災難」，https://www.youtube.com/watch?v=au0iuP8UYxw

國際中心。106/8/11。揭露真相？51區「外星人訪談」影片爆光，**蘋果日報**，http://www.appledaily.com.tw/realtimenews/article/new/20170811/1179928/。

崔天也。2018/12/18。15歲瑞典少女批評氣候大會參會者：你們還不夠成熟，https://kknews.cc/world/4n6oan2.html

張沛元。2009/10/18。馬爾地夫內閣海底簽求救檔，**自由時報電子報**，https://news.ltn.com.tw/news/world/paper/343857。

張承宇。一表揪出3大最毒癌症因數！最有科學根據5招降43%罹癌率，https://www.edh.tw/article/24474。

張瑤。2017/1/16。癌症真的會遺傳嗎？有癌症家族史的人群該何去何從，**健康**，https://kknews.cc/health/mgypv89.html。

莊堯亭。2020/8/18。瞭解啟示錄的末日徵兆！終將吹響的七支號代表什麼意義？，**基督教今日報**，https://cdn-news.org/news/23136。

莊蕙嘉，2012/9/30。12用21日末日預言「馬雅曆沒提」，**蘋果日報**，http://www.appledaily.com.tw/appledaily/article/international/20120930/34542765/

許靖華，癌症基因並非人類基因，**聯合報**，http://udn.com/news/story/9/1807092-%E4%B8%AD%E7%A0%94%E9%99%A2%E9%99%A2%E5%A3%AB%E8%A8%B1%E9%9D%96%E8%8F%AF%E7%99%BC%E7%8F%BE%EF%BC%9A%E7%99%8C%E7%97%87%E5%9F%BA%E5%9B%A0%E4%B8%A6%E9%9D%9E%E4%BA%BA%E9%A1%9E%E5%9F%BA%E5%9B%A0。

許靖華。癌症基因並非人類基因，**聯合報**，http://udn.com/news/story/9/1807092-%E4%B8%AD%E7%A0%94%E9%99%A2%E9%99%A2%E5%A3%AB%E8%A8%B1%E9%9D%96%E8%8F%AF%E7%99%BC%E7%8F%BE%EF%BC%9A%E7%99%8C%E7%97%87%E5%9F%BA%E5%9B%A0%E4%B8%A6%E9%9D%9E%E4%BA%BA%E9%A1%9E%E5%9F%BA%E5%9B%A0。

郭怡君、黃以敬「特異功能與撓場研究爭議又一章／李嗣涔封鎖論文10年，學界砲轟，http://news.ltn.com.tw/news/life/paper/114408。

陳文茜。2011/5/12。《±2℃》正負2度C-全球暖化台灣版紀錄片，https://www.youtube.com/watch?v=MBaAtU1E2cI。

陳建仁，烏腳病導因砷中毒，**科學人**，2004年9月號，http://www.

blackfoot.org.tw/know/know02.pdf。

陳昱安。從巴黎協議看全球氣候變遷議題走向，https://www.coa.
　　gov.tw/ws.php?id=2504327&print=Y

陳維婷。2007/3/21。英第4頻道紀錄片引起爭議全球暖化是大騙
　　局？https://e-info.org.tw/node/20722

陳澄和。2014/7/23。NASA：愈來愈確信有外星生命存在，http://
　　udn.com/NEWS/WORLD/WOR7/8822863.shtml

壹讀。2016/4/1。外星人存在地球七大證據：你都知道嗎？，**我們
　　都愛地理**，https://read01.com/zdEMnB.html。

彭瑞祥。2015/12/13。「COP21連線」巴黎氣候協議正式通過、學
　　者：對台灣深具意義，https://e-info.org.tw/node/112097

湯雅雯。2016/6/15。世紀末北台灣氣溫恐上升5度，**中國時報**，
　　https://www.chinatimes.com/newspapers/20150625000482-
　　260114?chdtv。

痞客邦，10部你應該看過的末日電影，http://hiroking.pixnet.net/
　　blog/post/218958589

辜樹仁。2019/12/2。吃素救地球是真的！一年少排30%溫室氣體，
　　天下雜誌，687期，https://www.cw.com.tw/article/5097956?tem
　　plate=fashion

黃詩絜。十大癌症出爐！你想不到的致癌因數還有它，https://
　　thebetteraging.businesstoday.com.tw/article/detail/201812270028

愛琳。2018/8/3。歷史上五次慘絕人寰的邪教集體自殺事件，**凱風
　　網**，2018年8月3日，https://kknews.cc/news/n3r5agq.html。

楊旻芳。2020/3/17。吃素可以救地球？聯合國環境規畫署：是
　　真的，**人間福報**，https://www.merit-times.com.tw/NewsPage.
　　aspx?unid=579515。

廖桂賢。2010/2/27。只有現象沒有真相的「正負兩度C」、陳
　　文茜，妳可以發揮更好的影響力！，https://e-info.org.tw/

node/52204。

綠色和平。2020/9/21。7個理由告訴您：為什麼減少肉食對環境有
益？，**綠色和平**，https://www.greenpeace.org/taiwan/update/20
925/7%E5%80%8B%E7%90%86%E7%94%B1%E5%91%8A%E
8%A8%B4%E6%82%A8%EF%BC%9A%E7%82%BA%E4%BB
%80%E9%9A%BC%E6%B8%9B%E5%B0%91%E8%82%89%
E9%A3%9F%E5%B0%8D%E7%92%B0%E5%A2%83%E6%9C
%89%E7%9B%8A%EF%BC%9F/

綠色和平。全球第3大碳排國竟然是它！減緩氣候變遷，從不浪費
食物開始做起！，https://www.greenpeace.org/taiwan/update/212
72/%E5%85%A8%E7%90%83%E7%AC%AC%E5%A4%A7%
E7%A2%B3%E6%8E%92%E5%9C%8B%E7%AB%9F%E7%84
%B6%E6%98%AF%E5%AE%83%EF%BC%81%E6%B8%9B%
E7%B7%A9%E6%B0%A3%E5%80%99%E8%AE%8A%E9%81
%B7%EF%BC%8C%E5%BE%9E%E4%B8%8D%E6%B5%AA/

劉力仁、陳珮伶。2010/3/3。正負2度C環盟：錯誤多觀點也有問
題，**自由時報**，https://news.ltn.com.tw/news/life/paper/376724

劉慶侯、蔡彰盛。冒牌CIA頭子騙倒女博士，**自由時報**，http://
news.ltn.com.tw/news/focus/paper/523545。

劍橋字典，迷信，http://dictionary.cambridge.org/zht/%E8%A9%9E
%E5%85%B8/%E8%8B%B1%E8%AA%9E/superstition。

編輯部。2016/6/26。憂脫歐效應，英國破300萬人連署再公投，自由
時報，http://news.ltn.com.tw/news/world/breakingnews/1742124。

編輯部。2020/6/16。世界末日又來臨？馬雅預言「修正版」
指出……就是下周，**聯合新聞網**，https://udn.com/news/
story/6810/4638343。

編譯組。2014/09/23，研究細胞，羅斯曼當年被笑瘋了，**聯合報**，
https://health.udn.com/health/story/5999/366832。

衛生署。遺傳性癌症的評估與基因檢驗，https://www.ntuh.gov.tw/gene/Fpage.action?muid=785&fid=597

鄧鴻源。2014/7/30。愛因斯坦不必感到羞愧，**蘋果日報**，http://www.appledaily.com.tw/realtimenews/article/new/20140730/443085/。

龍華科大。2011/7/30。不願面對的真相，**人權教育諮詢暨資源中心**，https://hre.pro.edu.tw/online_intro/146。

儲舒婷、顧軍。2020/10/20。為什麼得癌的偏偏是你？研究腫瘤50年的專家說：因為你沒注意這些事！**文匯報**，https://health.udn.com/health/story/6014/4950311。

聯合大講堂。2013。焦點對談：科技，如何讓生活更美好，https://www.youtube.com/watch？v=XRdHhzHjm58。

英文

AHR. "Greenhouse gas emissions by crop", https://www.vegetableclimate.com/climate-credentials/greenhouse-gas-emissions-by-crop/

Bennett, Mary and David S. Percy, 2001. *Dark Moon: Apollo and Whistle-Blowers*, Kempton, Illinois: Adventure Unlimited Press, Bio, "Albert Einstein", http://www.biography.com/people/albert-einstein-9285408.

Cho, Adrian. March 14,2018. "Stephen Hawking, who shined a light on black holes, dies at age 76", *Science*, https://www.sciencemag.org/news/2018/03/stephen-hawking-who-shined-light-black-holes-dies-age-76

Choi, Charles Q. March 24, 2016. " Live Science Contributor", , https://

www.livescience.com/13363-7-theories-origin-life.html

CNN. March 27, 1997. "Mass suicide involved sedatives, vodka and careful planning", *CNN.COM*, http://edition.cnn.com/US/9703/27/suicide/index.html.

Craven, Greg. June 8, 2007. "The Most Terrifying Video You'll Ever See", *Youtube*, https://www.youtube.com/watch?v=zORv8wwiadQ

Derbyshire, David. 8 December 2009. "Copenhagen climate change summit to produce as much CO2 as an African country", *Daily Mail*, https://www.dailymail.co.uk/news/article-1233771/Climate-change-summit-produce-CO2-African-country.html; Sunanda Creagh, "Copenhagen summit carbon footprint biggest ever: report", *Reuters,* December 15, 2009, https://www.reuters.com/article/idUSTRE5BD4D020091214.

Durkin, Martin. March 8, 2007. "The Great Global Warming Swindle", https://www.youtube.com/watch?v=fd-0xIJAsi4

Editor. Feb 28, 2007. "An inconvenient truth: eco-warrior Al Gore's bloated gas and electricity bills", *The Guardian,* https://www.theguardian.com/world/2007/feb/28/film.usa2.

Editor. February 25, 2007. "Al Gore's Personal Energy Use Is His Own "Inconvenient Truth", Beacon: Center for Tennessee, , https://www.beacontn.org/al-gores-personal-energy-use-is-his-own-inconvenient-truth/.

Geiger , Julianne. Oct 06, 2019. "Greta Thunberg's Not-So-Little Carbon Footprint", *Oil Price.Com*, https://oilprice.com/The-Environment/Global-Warming/Greta-Thunbergs-Not-So-Little-Carbon-Footprint.html.

Gillebaard, Paul. 2012. Moon Hoax, Rancho Santa Margarita, CA: Dream Access Books.

Harris, Kevin "Collected Quotes from Albert Einstein", http://rescomp. stanford.edu/~cheshire/EinsteinQuotes.html.

Henry, Chris. 2013. *Moon Landing; Our Greatest Achievement or America's Biggest Lie*, US: Chris Henry.

Kaysing, Bill. *We Never Went to the Moon,* http://www.checktheevidence. com/pdf/We%20Never%20Went%20To%20The%20Moon%20 -%20By%20Bill%20Kaysing.pdf.

Liu, Margaret. "A Legend of Cyber-Love: The Top Spy and His Chinese Lover", https://www.amazon.com/Legend-Cyber-Love-Top-Chinese-Lover/dp/1482895471.

Morgan, Gareth. Jan 24, 2014. "Stephen Hawking says there is no such thing as black holes, Einstein spinning in his grave", Express, https://www.express.co.uk/entertainment/gaming/455880/Stephen-Hawking-says-there-is-no-such-thing-as-black-holes-Einstein-spinning-in-his-grave

Moses. The Book of Genesis, http://www.vatican.va/archive/bible/ genesis/documents/bible_genesis_en.html

Neander, Karen. 2005. "Evolutionary Theory", https://www.encyclopedia. com/humanities/encyclopedias-almanacs-transcripts-and-maps/ evolutionary-theory.

Petruzzello, Melissa. Nov. 2, 2015. "Creationism", https://www. britannica.com/topic/creationism

Pew Research Center. Nov. 5, 2015. "Latin America, Africa More Concerned about Climate Change Compared with Other Regions", https://www.pewresearch.org/global/2015/11/05/global-concern-about-climate-change-broad-support-for-limiting-emissions/ climate-change-report-29/

Plait, Philip C. 2002. *Bad Astronomy: Misconceptions and Misuses*

Revealed, from Astrology to the Moon Landing "Hoax", New York: John Wiley & Sons, Inc..

Redfern, Nick. 2010. *The NASA Conspiracies: The Truth Behind the Moon Landings, Censored Photos, and The Face on Mars*, Pompton Plains, N.J.: New Page Books.

Ruse, Michael. Sep 21, 2018. "Creationism ", https://plato.stanford.edu/entries/creationism/

Thomas, Steven. 2001. *The Moon Landing Hoax: The Eagle That Never Landed*, UK: Swordworks Books.

Wisnewski, Gerhard. 2008. *One Small Step? : The Great Moon Hoax and the Race to Dominate Earth from Space,* East Sussex, UK: Clairview Books.

Zichichi, Antonio. January 27, 2012. "No Need to Panic About Global Warming", **WSJ**, https://www.wsj.com/articles/SB10001424052970204301404577171531838421366

國家圖書館出版品預行編目

自然與社會的對話/戴東清著. -- 臺北市：致出版，
2021.07
　面；　公分
ISBN 978-986-5573-17-1(平裝)

1.社會科學 2.言論集

500　　　　　　　　　　　　110010950

自然與社會的對話

作　　　者／戴東清
出版策劃／致出版
製　　　作／秀威資訊科技股份有限公司
　　　　　　114 台北市內湖區瑞光路76巷69號2樓
　　　　　　電話：+886-2-2796-3638
　　　　　　傳真：+886-2-2796-1377
網路訂購／秀威書店：https://store.showwe.tw
　　　　　　博客來網路書店：http://www.books.com.tw
　　　　　　三民網路書店：http://www.m.sanmin.com.tw
　　　　　　讀冊生活：http://www.taaze.tw

出版日期／2021年7月　　　定價／280元

致 出 版　　　　　　　　向出版者致敬